# 십 계 명

## 십계명해설서

기독교에서 버림받은 모세(율법)는 지금 어디에 계실까?
모세는 예수님이 오신 이후 기독교회들에게 장사된바 되어
지금까지 땅속 깊이 묻혀 있다.
이 때문에 기독교 이천년 역사속에 기독교인들 가운데
부활이 일어나지 않고 있는 것이다.
왜냐하면 모세(율법)의 부활 없이는 예수님(진리)의
부활도 없기 때문이다.
그러므로 오늘날 기독교회가 다시 살기 위해서는
모세(율법)부터 부활 시켜야 한다.

글·둘로스 데우·C / 시 . 이명자

진리의 샘터 의증서원

# 十誡命

십계명에 대한 히브리 원문

1계명     לֹא יִהְיֶה־לְךָ אֱלֹהִים אֲחֵרִים עַל־פָּנָי

2계명     לֹא תַעֲשֶׂה־לְךָ פֶסֶל ׀ וְכָל־תְּמוּנָה אֲשֶׁר
בַּשָּׁמַיִם מִמַּעַל וַאֲשֶׁר בָּאָרֶץ מִתַּחַת וַאֲשֶׁר
בַּמַּיִם מִתַּחַת לָאָרֶץ לֹא־תִשְׁתַּחֲוֶה לָהֶם
וְלֹא תָעָבְדֵם

3계명     לֹא תִשָּׂא אֶת־שֵׁם־יְהוָה אֱלֹהֶיךָ לַשָּׁוְא

4계명     זָכוֹר אֶת־יוֹם הַשַּׁבָּת לְקַדְּשׁוֹ

5계명     כַּבֵּד אֶת־אָבִיךָ וְאֶת־אִמֶּךָ

6계명     לֹא תִּרְצָח׃

7계명     לֹא תִּנְאָף׃

8계명     לֹא תִּגְנֹב׃

9계명     לֹא־תַעֲנֶה בְרֵעֲךָ עֵד שָׁקֶר׃

10계명     לֹא תַחְמֹד בֵּית רֵעֶךָ

십계명에 대한 한글 개역성경


제일은, 너는 나 외에는 다른 신들을 네게 있게 말지니라.

제이는, 너를 위하여 새긴 우상을 만들지 말고, 또 위로 하늘
　　　에 있는 것이나, 아래로 땅에 있는 것이나, 땅 아래
　　　물 속에 있는 것의 아무 형상이든지 만들지 말며, 그
　　　것들에게 절하지 말며, 그것들을 섬기지 말라.

제삼은, 너는 너의 하나님 여호와의 이름을 망령되이 일컫지
　　　말라.

제사는, 안식일을 기억하여 거룩히 지키라.

제오는, 네 부모를 공경하라

제육은, 살인하지 말지니라.

제칠은, 간음하지 말지니라.

제팔은, 도적질하지 말지니라.

제구는, 네 이웃에 대하여 거짓 증거하지 말지니라.

제십은, 네 이웃의 집을 탐내지 말지니라.

# 목 차

## 머리글

　가나안으로 가는 길인 십계명 해설서는 하나님께서 그동안 십계명 속에 감추어 놓았던 비유와 비사의 말씀들을 영적으로 모두 드러내어 풀이한 해설서입니다. 십계명은 하나님께서 하나님의 백성들에게 지키라고 주신 계명으로 십계명 속에는 하나님의 뜻과 하늘의 영적인 비밀들이 모두 함축적으로 담겨있습니다. 그러므로 오늘날 기독교인들이 십계명 해설서를 보신다면 지금까지 궁금했던 하나님의 뜻과 그동안 말씀 속에 감추어 있던 하나님의 비밀들을 확연하게 알 수가 있습니다. 그런데 문제는 십계명 해설서에 기록된 모든 말씀들이 안타깝게도 하나님께서 오늘날 하나님의 백성들을 훈계와 책망으로 징계하시는 말씀이라는 것입니다.

　그러나 십계명해설서는 기독교인들, 특히 오늘날 목회자들은 눈을 감고 귀를 막고 서라도 보고 들어야만 하는 소중한 하나님의 법이며 계명이라는 것입니다. 왜냐하면 십계명을 하나님의 명령으로 믿고 받아들이는 자는 구원을 받아 살수 있지만 십계명을 불신하고 배척하는 사람들은 심판을 받아 멸망하게 되기 때문입니다. 그러므로 오늘날 기독교인들은 다른 말씀은 설령 모른다 해도 하나님께서 하나님의 백성들에게 주신 십계명만은 반드시 알아야 합니다.

오늘날 기독교인들의 꿈과 소망은 각기 다르겠지만 궁극적인 목적은 사후에 천국에 들어가 행복하게 잘 살려는 것이라 생각합니다. 때문에 기독교인들은 모두 구주이신 예수를 믿으며 사후에 천국에 들어가기 위해 열심히 신앙생활을 하고 있는 것입니다. 그런데 안타깝게도 평생 동안 신앙생활을 하면서도 천국에 들어간다는 것을 막연히 믿고 있을 뿐 천국은 어느 곳에 있으며 그곳은 어떤 곳인지 그리고 천국은 어떻게 들어가며 어떤 사람들이 들어가는 곳인지 전혀 모르고 있다는 것입니다.

하나님은 성경을 통해서 천국이 있는 곳과 천국의 실체에 대해서 그리고 천국으로 가는 길을 자세히 말씀하고 있습니다.

천국은 예수를 믿는다 해서 모두 들어가는 곳이 아니라 하나님의 뜻대로 행한 자, 즉 예수님의 말씀에 따라 신앙생활을 올바로 하여 하나님의 생명으로 거듭난 하나님의 아들만이 들어간다고 말씀하고 있습니다. 그러므로 오늘날 기독교인들은 천국을 들어가려고 하기 전에 먼저 천국이 있는 곳과 천국으로 가는 길 그리고 하나님의 아들로 거듭나는 과정에 대해서 분명하게 알아야 합니다. 신앙생활이란 예수님을 통해서 천국에 대해 조금씩 알아가는 것이며 하나님의 말씀으로 날마다 변화를 받아 하나님의 아들로 거듭나는 것입니다. 왜냐하면 천국은 하나님의 뜻에 따라 신앙생활을 올바로 하여 예수님이나 사도들과 같이 하나님의 아들로 거듭난 자만이 들어갈 수 있기 때문입니다. 천국으로 가는 길은 하나님께서 태초부터 정해놓으신 길인데 그 길은 구약성경에 자세히 기록되어 있습니다. 이렇게 천국은 예수를 믿는다 해서 아무나 들어가는 곳이 아니라 천국을 들어갈 수 있는 자격, 즉 천국의 시민권을 소유한 자만이 들어가는 곳입니다.

이것은 미국에 있는 친척집을 찾아가려해도 가는 길을 알아야 갈 수 있고 미국에서 살려고 해도 반드시 미국에서 인정하는 영주권이나 시민권이 있어야만 미국에서 살 수 있는 것과 같습니다. 이렇게 천국으로 갈 준비는 하지 않고 오직 믿음으로 천국에 갈 수 있다고 믿고만 있으면 천국은 절대로 들어갈 수가 없는 것입니다. 그러므로 오늘날 기독교인들도 천국을 가려면 천국으로 가는 길을 알아야 갈 수 있고 천국에 들어가 살려면 반드시 하나님이 주시는 하늘나라의 시민권이 있어야 합니다.

그런데 불행하게도 오늘날 목회자들은 천국이 어느 곳에 있는지 또한 천국은 어떻게 가는지 그리고 천국은 어떤 사람들이 들어가는지 조차도 모르면서 무조건 예수만 믿으면 누구나 천국에 들어갈 수 있다고 거짓증거를 하고 있는 것입니다. 때문에 오늘날 기독교인들은 설령 다른 것은 모른다 해도 성경을 통해서 천국이 있는 곳과 천국으로 가는 길과 그리고 천국은 어떤 자들이 들어가는지에 대해서 분명히 알아야 합니다. 만일 천국으로 가는 길을 모르고 있거나 신앙생활을 하면서 천국 가는 준비를 하지 않는다면 장차 지옥문 앞에서 슬피 울며 이를 가는 자가 다른 사람이 아니라 바로 본인 자신이 될 수 있다는 것을 알아야 합니다.

 이번에 새롭게 출간 되는 "십계명 해설서"는 이러한 문제들을 분명하게 드러내어 기록하고 있습니다. 그러므로 오늘날 기독교인들이 이 십계명 해설서를 읽어 보신다면 천국의 실체와 천국이 있는 곳과 천국으로 가는 길에 대해서 보다 분명하게 알게 될 것입니다.

둘로스 데우. C

서론

# 서론

십계명은 구약성경 출애굽기 20장과 신명기 5장에 기록 되어 있는 하나님의 말씀으로 하나님께서 출애굽을 하여 광야에 이른 이스라엘 백성들에게 하나님의 종 모세를 통 하여 주셨던 하나님의 계명입니다. 이 계명은 하나님께서 아브라함과 그의 후손들에게 주시겠다고 약속하신 가나안 땅에 들어가려면 하나님의 백성들이 반드시 지켜야 할 하 나님의 법이며 규례입니다. 때문에 오늘날 기독교인들도 천국에 들어가려면 십계명에 대해서 확실하게 알아야하며 반드시 지켜야 합니다. 이렇게 하나님께서 하나님의 백성 들에게 주신 십계명은 어느 시대 어느 누구를 막론하고 반 드시 지켜야할 하나님의 계명이며 명령인 것입니다.

그러므로 하나님께서 하나님의 백성들에게 주신 십계명 을 모르거나 지키지 않는다면 그 누구도 안식의 땅에 들어 갈 수 없고 따라서 천국에 들어갈 수 없다는 것을 알아야 합니다. 왜냐하면 안식의 땅인 가나안은 하나님께서 지키 라고 주신 십계명을 지키지 않은 사람들은 지금까지 단 한 사람도 들어가지 못했기 때문입니다. 가나안으로 가는 길은 오직 십계명을 통해서 들어가는 길이며 다른 길이나 예외는 없다는 것입니다. 이렇게 가나안땅은 모세의 십계명을 통해서 들어가는 것이며 천국은 예수님이 주시는 생명의 말씀을 통해서 들어가는 것입니다. 즉 가나안은 모세를 통해서 들어가고 천국은 예수님을 통해서 들어간다는 것입니다.

때문에 예수님께서 내가 천국으로 가는 길이요 진리요 생명이니 나로 말미암지 않고는 아버지께 갈 자가 없다고 말씀하신 것입니다. 그리고 예수님께서 우리의 문으로 들어가지 아니하고 다른 데로 넘어가는 자는 절도요 강도라 말씀하시며, 또한 누구든지 나를 따라 오려거든 너를 부인하고 네 십자가를 지고 오라고 말씀하신 것도 바로 이 때문입니다. 주님께서 지고 오라는 십자가는 곧 십계명을 비유하여 말하고 있습니다. 왜냐하면 십계명은 예수님께서 말씀하신 새 계명이며 새 계명은 곧 십계명을 말씀하고 있기 때문입니다.

새 계명의 첫 계명은 몸과 마음과 뜻과 정성을 다하여 하나님을 사랑하여 하나님의 아들로 거듭나라는 뜻이며 둘째 계명은 첫 계명을 지켜 하나님의 아들로 거듭난 자들은 이웃에 죽어가는 영혼들을 살려서 네 몸(하나님의 아들)과 같이 만들라는 뜻입니다. 예수님의 말씀에 따라 이 새 계명을 지켜 하나님의 아들로 거듭난 분이 바로 사도바울인데 사도바울은 새 계명을 십자가의 도라 말씀하고 있습니다. 이렇게 사도바울이 말씀하신 십자가의 도는 곧 새 계명이며 새 계명은 곧 십계명을 말하고 있습니다.

사도바울의 삶은 모두 주님이 명하신 새 계명에 따라서 이웃에 죽어가는 영혼들을 구원하고 살리는 일이었습니다. 그런데 오늘날 기독교인들은 이렇게 중요한 십계명을 예수님께서 이 땅에 오셔서 율법을 모두 폐하셨다는 오해로 말미암아 도외시하며 지키지 않고 있습니다. 그러나 예수님께서는 율법을 폐하러 오신 것이 아니라 오히려 온전케 하러 오셨다고 말씀하시며 천지가 없어지기 전에 율법의 일점일획이라도 없어지지 않고 다 이루시겠다고 말씀하고 있습니다.

왜냐하면 율법은 간음하지 말라고 하는데 예수님은 간음을 하지 않았다 해도 여자를 보고 마음에 음욕만 품어도 이미 간음한 자라 말씀하시며, 또한 율법에 살인 하지 말라고 하였지만 형제에게 라가(욕)라 하거나 미련한 놈이라고만 하여도 지옥 불에 들어가게 된다고 엄히 말씀하고 있기 때문입니다. 이렇게 예수님은 율법을 폐하러 오신 것이 아니라 율법을 더욱 강화시키러 오신 분입니다. 그런데 오늘날 소경된 삯군목자들은 예수님이 오셔서 율법을 모두 폐하셔서 지킬 필요가 없다고 거짓증거를 하고 있습니다.

그러므로 오늘날 기독교인들이 하나님의 아들로 거듭나서 천국에 들어가려면 율법과 십계명에 대해서 분명하게 알아야 하며 십계명을 반드시 지켜야 합니다. 하나님께서 지키라고 명하신 십계명을 올바로 지키기 위해서는 먼저 성경을 통해서 하나님의 진정한 뜻과 십계명에 감추어져 있는 영적인 의미들을 확실하게 알아야 합니다. 오늘날 목회자들은 하늘의 별 수와 같이 많고 하나님의 백성들은 바다의 모래 수와 같이 헤아릴 수조차 없이 많지만 하나님의 영적인 깊은 뜻을 아는 사람은 그리 많지 않습니다. 또한 오늘날 기독교인들은 자유분방한 애굽교회(세상교회)의 기복적인 신앙생활은 모두가 잘 알고 지키고 있지만 율법을 통한 광야교회의 훈련과 연단의 과정은 모르고 있는 것입니다.

때문에 젖과 꿀이 흐르는 땅 가나안에 계신 예수님이나 진리의 성령(생명의 말씀)에 대해서는 전혀 모르고 있는 것입니다. 그보다 더 심각한 문제는 오늘날 애굽교회(세상교회)를 다니는 기독교인들은 지금도 광야교회와 가나안교회가 존재하고 있다는 사실조차 모르고 있다는 것입니다. 때문에 오늘날 기독교인들은 목사님들이 가르쳐주는 각종 교리는 잘 알고 있지만 광야의 모세가 주는 율법이나 젖과 꿀이 흐르는 가나안에서 예수님이 주시는 생명의 떡, 즉 생명의 말씀은 전혀 모르고 있는 것입니다. 그러므로 하나님의 백성들이 안식의 땅인 천국에 들어가려면 어느 누구나 반드시 애굽의 교리신앙에서 벗어나 율법을 통한 광야의 훈련을 받아야 하며 광야의 훈련을 마치면 가나안땅으로 들어가 예수님이 주시는 생명의 말씀을 먹고 하나님의 아들로 거듭나야 하는 것입니다.

천국은 바로 이러한 과정을 통해서 하나님의 아들로 거듭난 자들이 들어가는 곳입니다. 이렇게 애굽과 광야와 가나안을 통해서 천국으로 가는 과정은 하나님께서 태초부터 만들어 놓으신 영원불변의 길이며 믿음의 선진들이 모두 걸어가신 길입니다. 이것은 마치 세상에서 유치원생들이 대학교에 들어가려면 초등학교와 중학교와 고등학교의 과정을 거쳐 대학에 들어가는 것과 같은 것입니다. 이렇게 구원은 처음에 애굽교회에서 믿음으로 시작되지만 구원의 완성은 광야교회의 율법을 통해서 이루어지며 하나님의 생명은 광야의 훈련과 연단의 과정을 모두 마친 자들이 가나안

땅으로 들어가 예수님이 주시는 산 떡, 즉 생명의 말씀을 먹을 때 성취되어 하나님의 아들로 거듭나게 되는 것입니다. 이와 같이 하나님이 계신 천국은 이러한 구원의 과정을 통해서 하나님의 아들로 거듭난 자들이 들어가는 곳입니다. 그런데 오늘날 목회자들은 하나님이 정해 놓으신 이러한 구원의 과정을 모두 폐하거나 무시하고 오직 예수를 믿기만 하면 누구나 천국에 들어간다고 말하고 있습니다.

예수님께서 천국으로 가는 길을 두 길로 말씀하고 있는데 하나는 삯군목자들이 인도하는 멸망의 넓은 길, 즉 예수를 믿기만 하면 어느 누구나 쉽게 천국에 들어간다는 멸망의 길과 또 한 길은 생명의 길, 즉 참목자가 애굽과 광야와 가나안을 통해서 천국으로 인도하는 좁고 협착한 생명의 길이 있습니다. 때문에 예수님께서 하나님의 나라는 나더러 주여 주여 하며 믿기만 하는 자들이 들어가는 것이 아니라 내 아버지의 뜻(애굽-광야-가나안)대로 행한 자들이 들어간다고 말씀하신 것입니다. 야고보 사도가 영혼(영)이 없는 몸이 죽은 것과 같이 행함이 없는 믿음은 죽은 것이라고 말씀하신 것도 바로 이 때문입니다.

하나님께서는 태산보다 더 많은 쭉정이들이 쌓여 있어도 잘 익은 알곡 하나를 더 귀히 여긴다는 사실을 잊으면 안

됩니다. 때문에 예수님께서 마지막 심판 날에 쭉정이 들은 모아서 불에 태우고 알곡은 하늘 곳간에 들인다고 말씀하신 것입니다. 이렇게 구원은 믿음으로 시작되지만 하나님의 생명은 소망의 과정을 거쳐 사랑으로 완성된다는 것을 알아야합니다. 이 때문에 고린도 전서 13장을 통해서 믿음(애굽), 소망(광야), 사랑(가나안)은 항상 있을 것인데 그 중에 제일은 사랑이라 말씀하고 있는 것입니다.

그러므로 오늘날 기독교인들은 애굽의 교리와 기복신앙에서 하루속히 벗어나 광야의 율법을 통한 연단을 받고 가나안 땅으로 들어가 하나님의 생명으로 거듭나야 합니다. 하나님께서는 오늘날 기독교인들을 향해서 이렇게 말씀하십니다.

[신명기 4장 1-2절] 이스라엘아 이제 내가 너희에게 가르치는 규례와 법도를 듣고 준행하라 그리하면 너희가 살 것이요 너희의 열조의 하나님 여호와께서 너희에게 주시는 땅에 들어가서 그것을 얻게 되리라 내가 너희에게 명하는 말을 너희는 가감하지 말고 내가 너희에게 명하는 너희 하나님 여호와의 명령을 지키라.

위의 말씀은 하나님께서 하나님의 백성들을 젖과 꿀이 흐르는 가나안으로 인도하기 위하여 하나님의 종 모세를 호렙산으로 불러 산에서 주신 십계명으로 하나님의 백성들이 반드시 지켜야 할 규례와 법도입니다.

왜냐하면 출애굽을 하여 광야로 나온 이스라엘 백성들이 젖과 꿀이 흐르는 가나안 땅에 들어가려면 하나님께서 주신 십계명을 지키지 않고는 절대로 들어갈 수 없기 때문입니다. 때문에 오늘날 기독교인들도 예외 없이 새 하늘과 새 땅의 영원한 안식에 들어가려면 하나님께서 주신 십계명을 알아야 하며 반드시 지켜야 하는 것입니다. 왜냐하면 십계명은 하나님께서 이스라엘 백성들에게만 지키라고 주신 것이 아니라, 오늘날 기독교인들에게도 동일하게 지키라고 주신 계명이기 때문입니다.

[신명기 5장 2절-3절] 우리 하나님 여호와께서 호렙산에서 우리와 언약을 세우셨나니 이 언약은 여호와께서 우리 열조와 세우신 것이 아니요 오늘날 여기 살아 있는 우리 곧 우리와 세우신 것이라.

상기의 말씀과 같이, 하나님께서 호렙산에서 하나님의

종 모세를 통해서 세운 언약, 곧 십계명은 우리 열조하고 세우신 것이 아니라 오늘날 살아있는 우리, 즉 오늘날 세상 교회(애굽교회)에서 벗어나 광야교회로 나온 자들과 세우신 것이라 말씀하고 있습니다. 이 말은 아직 애굽신앙, 즉 세상교회에 머물러 있는 자들에게는 십계명이 해당되지 않는다는 말입니다. 왜냐하면 애굽은 바로 왕이 통치하는 곳으로 제사장(목회자)이 주는 유교병(말씀을 가감하여 만든 각종교리)을 즐겨 먹는 곳이며 무교병 곧 율법과 십계명은 출애굽하여 광야로 나온 자들만이 하나님의 종 모세를 통하여 먹을 수 있기 때문입니다.

또한 젖과 꿀이 흐르는 가나안 땅의 양식(은혜와 진리)은 광야의 모든 훈련과 연단의 과정을 마치고 가나안 땅으로 들어간 자들만이 예수님께서 주시는 일용할 양식, 즉 생명의 떡(말씀)을 먹게 되는 것입니다. 이와 같이 하나님을 믿고 섬기는 자들이라 하여도 믿는 자들의 신앙의 상태와 그 차원에 따라서 인도자나 먹는 양식이 각기 다르다는 것을 알아야 합니다. 그러므로 십계명은 사실상 출애굽을 하여 광야로 나온 자들, 즉 신앙의 상태가 1차원의 세계에서 2차원의 세계로 들어간 자들에게 주시는 계명입니다.

따라서 오늘날 기독교인들이 천국에 들어가려면 반드시

출애굽을 하여 광야로 나아가 하나님이 주신 십계명을 반
드시 지켜야 하는 것입니다.

문제는 십계명 속에 담긴 영적인 깊은 뜻을 알기도 힘들
지만 십계명을 지키기는 더욱 어렵다는 것입니다. 때문에
주님이 십자가를 지고 가신 고난의 길은 눈물 없이 죽음 없
이는 갈 수 없는 길이라 말씀하신 것이며 너희도 나를 따라
오려거든 너를 부인하고 네 십자가를 지고 오라고 말씀하
신 것입니다.

이렇게 좁고 협착한 생명의 길은 믿음의 조상들이 모두
걸어간 길이며 오늘날 기독교인들도 천국을 들어가려면 반
드시 따라 가야하는 길입니다.

# 촛불

자신을
태우지 않고는
불을 밝힐 수 없고
자신의
희생과 죽음이 없이는
어둠을 밝힐 수 없어라
희생하기 싫어도
어둠을 밝히기 위해
사라져 가며
그대의
온 몸을 태워 가는 날
그대의
어둠을 밝혀주리라

# 십계명의 제1계명

너는 나 외에는 다른 신들을 네게 있게 말지니라

십계명은 하나님께서 모세를 시내 산으로 불러서 두 돌판에 기록한 열 가지 계명을 하나님의 백성들에게 지키라고 주신 계명입니다. 때문에 십계명은 하나님을 믿고 섬기는 하나님의 백성이라면 어느 시대, 어떤 민족이나 관계없이 반드시 지켜야 하는 하나님의 법이며 명령입니다. 왜냐하면 약속의 땅인 가나안을 들어가고 못 들어가는 것과 천국으로 들어가느냐 아니면 지옥으로 들어가느냐 하는 것이 모두 십계명을 올바로 지키느냐 못 지키느냐에 달려 있기 때문입니다. 이렇게 하나님의 백성들에게 생, 사가 달려있는 중요한 십계명을 오늘날 기독교인들은 윤리도덕 정도로 생각하고 이미 지키고 있는 것처럼 착각을 하거나 아니면 예전에 존재하던 이스라엘 백성들에게만 주셨던 계명으로 치부하여 도외시 하고 있는 것입니다.

　그러므로 오늘날 기독교인들은 이제부터라도 십계명을 올바로 알고 지켜서 하나님께서 주시겠다고 약속하신 가나안 땅으로 들어가야 합니다. 가나안 땅으로 들어가야 예수님이 주시는 생명의 떡(말씀)을 먹고 하나님의 아들로 거듭나서 천국으로 들어가게 되는 것입니다. 때문에 이 길이 아무리 힘들고 어렵더라도 그리고 눈물 없이 죽음 없이 못가는 길이라 해도 천국을 들어가려면 반드시 가야하는 길입

니다. 그런데 이렇게 중요한 십계명이 거짓선지자와 삯군
목자들에 의해 폐기 되었고 가나안으로 가는 길은 막혀버
린 것입니다. 가나안으로 가는 길이 막혔다는 것은 곧 천국
으로 가는 길이 막혔다는 것입니다.

때문에 예수님께서 거짓목자와 삯군목자들에게 너희가
천국 문을 닫아 놓고 너희도 들어가지 않고 들어가려는 자
도 못 들어가게 하면서 교인하나를 얻으면 배나 더 지옥자
식을 만들고 있다고 진노하시는 것입니다. 그러므로 오늘
날 진리를 따라 천국을 가려는 하나님의 백성들이라면 십
계명을 올바로 알고 지켜서 먼저 가나안땅으로 들어가야
합니다. 이제 십계명에 담긴 영적인 뜻과 가나안으로 가는
길에 대해서 구체적으로 한 계명씩 말씀드리겠습니다.

제 1계명: 너는 나 외에는 다른 신들을 네게 있게
          말지니라.

　하나님께서 하나님의 백성들에게 지키라고 주신 첫 계명
은 "너는 나 외에는 다른 신들을 네게 있게 말라"는 명령인
데 이 계명은 이스라엘백성들은 물론 오늘날 기독교인들에
게도 동일하게 주시는 계명입니다. 왜냐하면 하나님의 말
씀이나 계명은 예전이나 지금이나 항상 살아계신 말씀으로
어느 시대 어느 민족에게나 동일하게 적용되기 때문입니
다.

　첫 계명은 십계명 중에서 가장 으뜸이 되는 계명으로 매
우 중요한 의미를 담고 있습니다. 그런데 이렇게 중요한 첫
계명의 의미를 확실히 모른다든가 알고도 지키지 않는다
면, 나머지 다른 계명들이 있다 해도 아무런 소용이 없습니
다. 때문에 하나님을 진실하게 믿는 하나님의 백성들이라
면 일계명만이라도 분명하게 알아야 하고 반드시 지켜야
합니다. 그러므로 먼저 제 일 계명에 담겨진 하나님의 뜻이
무엇인지 원문을 통해서 자세히 알아보기로 하겠습니다.
제 일 계명에서 가장 중요한 단어는 다른 신들입니다.

　하나님께서 제 일 계명을 통해서 명하고 계신 다른 신들

이라는 단어를 원문을 통해서 살펴보면, "아헤림 엘로힘 (אֱלֹהִים אֲחֵרִים)"으로 기록되어 있는데 다른 신들이라고 번역한 "아헤림 엘로힘"의 원문의 뜻은 다른 신이 아니라 다른 하나님들입니다. 그런데 성경 번역자들이 다른 하나님들을 "다른 신들"로 번역을 해놓은 것입니다. 지금까지 기독교인들이 십계명에 대해서 특히 첫 계명에 대하여 너무나 소홀히 했던 것은 다른 하나님을 다른 신들이라고 번역을 해놓았기 때문입니다.

만일에 너는 나 외에 다른 하나님들을 섬기지 말라고 번역을 해놓았다면, 기독교인들은 긴장할 수밖에 없고 십계명을 대하는 자세가 달라졌을 것입니다. 왜냐하면 기독교인들이 믿고 섬기는 하나님은 오직 유일신으로 다른 하나님이 존재한다는 것은 전혀 생각조차 하지 않고 있기 때문입니다. 그런데 하나님께서 하나님의 백성들에게 너희는 다른 하나님들을 섬기지 말라고 엄히 명하시는 것은 하나님의 백성들이 지금까지 다른 하나님을 만들어 섬기고 있기 때문입니다. 다른 하나님이란 하나님의 말씀을 가감하여 만든 각종교리와 법과 유전들을 말합니다.

왜냐하면 말씀이 곧 하나님인데 정확무오한 하나님의 말씀을 조금이라도 가감하거나 변형하여 교리나 법을 만들었다면 그 교리나 법들이 바로 다른 하나님이기 때문입니다.

오늘날 기독교인들은 자기 교단이나 교파에서 하나님의 말씀을 가감하여 만든 교리나 교회규범을 지키고 있는데 이렇게 사람이 만들어 지키고 있는 교리와 유전들을 십계명을 통하여 다른 하나님이라 말씀하시는 것입니다. 때문에 교파마다 신관(하나님을 보는 눈)이 다르고 구원관이 다르고 교회관이 다르고 천국관 등이 성경의 말씀과 다른 것입니다. 때문에 유대교회의 하나님과 이슬람교회의 하나님이 다르고 천주교회의 하나님과 개신교의 하나님이 다르고 개신교회라 해도 장로교회의 하나님과 감리교의 하나님이 다르고 침례교회와 성결교회의 하나님이 조금씩 다른 것입니다. 왜냐하면 종파나 교파마다 교리가 각기 다르기 때문입니다.

그러므로 하나님은 제 일 계명을 통해서, 내가 하나님인데 너희들은 왜 다른 하나님들을 섬기고 있냐고 말씀하시는 것입니다. 오늘날 기독교인들이 하나님의 이러한 말씀을 알게 된다면 모두 당황할 것이라 생각합니다. 왜냐하면 이스라엘 백성들이나 오늘날 기독교인들은 오직 하나님 한 분만을 믿고 섬겨 왔으며, 다른 하나님이나 다른 신을 한번도 믿고 섬긴 일이 없다고 생각하기 때문입니다. 문제는 하나님을 모태로부터 믿기 시작하여 평생 동안을 믿고 신앙 생활을 해도 하나님을 막연히 믿고 있을 뿐 참 하나님과 거짓 하나님에 대하여 전혀 모르고 있다는 것입니다. 그 이유는 하나님은 영이시기 때문에 예수님이나 사도들과 같이 하나님의 생명으로 거듭난 자들만이 알 수 있고 볼 수 있기 때문입니다. 그러므로 예수님께서 마태복음 11장 25절 이하를 통해서 이렇게 말씀하고 있는 것입니다.

[마태복음11장 25절-27절] 그 때에 예수께서 대답하여 가라사대 천지의 주재이신 아버지여 이것을 지혜롭고 슬기 있는 자들에게는 숨기시고 어린 아이들에게는 나타내심을 감사하나이다. 옳소이다. 이렇게 된 것이 아버지의 뜻이니이다. 내 아버지께서 모든 것을 내게 주셨으니 아버지 외에는 아들을 아는 자가 없고 아들과 또 아들의 소원대로 계시를 받는 자 외에는 아버지를 아는 자가 없느니라.

상기와 같이 하나님의 계시를 받은 자, 즉 예수님이나 사도 바울과 같이 하나님의 계시를 받아 영안이 열린 자들만이 하나님의 아들로서 하나님을 알 수 있다는 것입니다. 그래서 예수님은 요한복음 3장 3절을 통해서 니고데모에게 말씀하시기를 "진실로 진실로 네게 이르노니 사람이 거듭 나지 아니하면 하나님 나라를 볼 수 없느니라"라고 말씀하 시는 것입니다. 이렇게 영이신 하나님을 아는 것이나 영의 세계인 하나님 나라를 보는 것은 참으로 어렵고 힘든 일입 니다. 때문에 하나님은 성령(생명의 말씀)으로 거듭나서 하 나님의 아들이 된 자들만이 알 수 있고, 하나님의 나라도 볼 수 있는 것입니다. 즉 아직 하나님의 아들로 거듭나지 못한 종들은 하나님을 볼 수도 없고 알 수도 없다는 뜻입니 다.

오늘날 기독교인들이 하나님과 예수님을 알지 못해 믿을 수밖에 없고 천국도 갈 수 있다고 막연히 믿고 있는 것은 바로 이 때문입니다. 이렇게 오늘날 기독교인들은 하나님 이나 천국에 대하여 확실히 아는 것이 없기 때문에 막연히 믿을 수밖에 없고 따라서 신앙생활도 모두 믿음으로 시작 해서 믿음으로 마칠 수밖에 없는 것입니다.

하나님께서 택하신 유대인들도 유일하신 참 하나님을 모 르기 때문에 다른 하나님을 참 하나님으로 믿고 섬겼던 것 입니다. 그러면 이제 이스라엘 백성들이 애굽 땅에서 섬겼 던 다른 하나님에 대해서 알아보기로 하겠습니다.

## 1) 다른 하나님

　이스라엘 백성들이 출애굽하기전 애굽에서 믿고 섬겼던 하나님이 바로 다른 하나님인데 다른 하나님은 교리와 기복의 하나님을 말합니다. 하나님께서 인간들의 생사화복을 주관하고 계신 것은 화와 복을 통해서 죽을 영혼을 구원하여 영원한 생명을 주시기 위함입니다. 그런데 하나님의 백성들이 구원과 생명에는 관심이 없고 기복에만 치우쳐 신앙생활을 하고 있습니다.

　이렇게 애굽에 속한 하나님의 백성들이 하나님을 믿고 섬기는 것은 모두 자신의 욕심을 채우기 위함이며 축복을 받아 이 세상에서 부귀영화를 누리며 잘 살기를 원하는 기복신앙입니다. 때문에 이들이 원하는 구원과 영생 혹은 천국을 가려는 목적도 하나님의 뜻을 이루려는 것이 아니라 자기의 뜻, 즉 욕심을 채우기 위한 목적으로 신앙생활을 하고 있는 것입니다.

　결국 이스라엘 백성들이나 오늘날 기독교인들이 하나님을 의지하며 신앙생활을 하는 목적이 모두 이 세상에서 채워지지 않는 자신의 욕심을 하나님의 도우심으로 채우려고 신앙생활을 하고 있다는 것입니다. 이렇게 자신의 욕심을 채우기 위해서  믿고 섬기는 하나님이 바로 다른 하나님입니다.

오늘날 기독교인들도 자신의 욕심을 채우기 위해서 신앙생활을 하고 있다면 아직도 애굽에 속한 자요 창조주 하나님을 섬기는 것이 아니라 기복의 하나님, 즉 다른 하나님을 섬기고 있다는 것을 알아야 합니다. 애굽이란 단어는 원어로 미쯔라임(מִצְרַיִם)인데 임(יִ) 이라는 쌍수 어미가 붙어서 두 애굽 즉, 상 하의 애굽을 말하며 단어의 뜻은 "에워 쌓인, 방벽, 완고한, 요새화된" 등의 뜻을 가지고 있습니다.

그러므로 애굽은 육신에 갇혀있는 자들 혹은 물질에 종노릇하는 자들로 물욕이 강하며 마음이 강퍅한 자들이 모여 사는 곳을 말합니다. 이렇게 애굽은 상 애굽과 하 애굽으로 나누어지는데 하 애굽은 불신자들이나 타종교인들이 살아가는 곳을 말하며 상 애굽은 하나님을 믿고 살아가는 하나님의 백성들을 말하고 있습니다. 상 애굽은 하나님의 백성들이 출애굽을 하여 광야를 거쳐서 가나안 땅으로 들어가기 위하여 영적 준비를 하는 곳을 말합니다. 그럼에도 불구하고 애굽 교인들의 신앙생활이 모두 하나님의 표적과 이적을 바라고 원하는 신앙이요, 세상의 축복을 받아 잘 살기를 원하는 기복적인 신앙입니다.

그러므로 이들의 신앙생활은 모두가 자기중심적인 기복신앙으로 이들의 내면을 자세히 관찰해 보면, 하나님보다 자신을 더 사랑하며 신앙도 자신의 유익이나 욕심을 채우기 위해서 하고 있습니다. 왜냐하면 하나님을 믿고 섬기는 신앙인들이라면 당연히 하나님께서 주인이 되시고 자신들은 종이 되어야 함에도 불구하고 입술로만 하나님이 주인이라 말하면서 실상은 자신이 주인의 자리에 앉아서 상전 노릇을 하고 있기 때문입니다. 이렇게 육신에 속한 자들의 신앙생활은 하나님을 위해서 하는 것이 아니라 자기욕심을 채우기 위해서 하는 것입니다. 때문에 하나님을 열심히 믿다가도 자신에게 불 유익이 오거나 싫증이 나면 신앙생활을 중단하기도 하고 다른 종교로 바꾸기도 하는 것입니다. 이런 자들은 하나님이 주인이 아니라 자신이 주인이며 자신이 곧 하나님인 것입니다.

　예수님은 이런 자들이 바로 빛보다 어둠을 더 사랑하는 자요, 하나님보다 자신을 더 사랑하는 자들이라 말씀하고 있습니다. 결국 이들이 섬기는 하나님은 하나님이 아니라 자신인데 이를 다른 하나님이라 말씀하고 있는 것입니다. 이와 같이 이스라엘 백성들이 애굽 땅에서 믿고 섬겼던 바로왕은 다른 사람이 아니라 바로 자신이라는 것입니다. 그러므로 하나님께서 출애굽을 한 이스라엘 백성들에게 일 계명을 통해서 너는 나 외에 다른 신(하나님)들을 있게 말 라고 명하시는 것입니다.

이와 같이 아직 출애굽도 못한 자들의 신앙생활은 모두 가 자신을 위한 신앙이며 하나님을 통해서 자기 욕심을 채 우기 위한 기복신앙입니다. 이렇게 자기 욕심과 탐심을 채 우기 위해서 하는 신앙생활을 우상숭배, 곧 우상 하나님을 섬기고 있는 자들이라고 말씀하는 것입니다.

### 2) 우상 하나님

이스라엘 백성들이 애굽에서 430년 동안 섬겼던 하나님 은 진리와 성령의 하나님이 아니라 다른 하나님, 곧 우상 하나님이었습니다. 왜냐하면 이스라엘 백성들이 믿고 섬겼 던 하나님은 구원과 영생을 주는 하나님이 아니라 자신들 이 바라고 원하는 욕심과 탐심을 채워주는 복과 재물의 하 나님이었기 때문입니다. 오늘날 기독교인들도 하나님을 믿 으나 하나님의 뜻을 따르기 보다는 자신의 뜻과 자기 욕심 을 채우기 위하여 기복적인 신앙생활을 하고 있다면 모두 가 우상 하나님 혹은 다른 하나님을 섬기고 있다는 것을 알아야 합니다.

하나님의 백성들이 하나님과 예수님을 믿으며 신앙생활을 하는 목적은 구원과 영생, 즉 예수님을 통해서 구원을 받아 하나님의 아들로 거듭나는 것이라야 합니다. 그런데 오늘날 대부분의 기독교인들이 예수님을 축복받기 위해서 믿고 목회자들이 전하는 말씀 또한 축복으로 시작해서 축복으로 마치고 있습니다.

예수님은 욕심을 버려야 천국에 들어간다고 말씀하시는데 기독교인들은 천국도 욕심으로 들어가려 하고 있습니다. 때문에 하나님은 골로새서를 통해서 이러한 욕심은 음란과 부정과 사욕과 악한 정욕과 탐심으로 나타나는 것이며 탐심은 곧 우상숭배라고 말씀하시는 것입니다.

[골로새서 3장 5절-6절] 그러므로 땅에 있는 지체를 죽이라 곧 음란과 부정과 사욕과 악한 정욕과 탐심이니 탐심은 우상 숭배니라 이것들을 인하여 하나님의 진노가 임하느니라.

기독교회가 부패해가는 것은 모두 목회자들의 욕심과 탐심 때문입니다. 오늘날 삯군목자들은 영적인 하나님의 말씀을 육신적인 말씀으로 전하며 진리의 하나님을 기복의 하나님으로 둔갑시켜 섬기고 있습니다. 이것은 목회자들이 하나님보다 자신을 더 사랑하며 하나님의 말씀보다 돈을 더 사랑하기 때문입니다. 이런 자들이 바로 마음이 부패하여 진리를 잃어버리고 경건을 이익의 재료로 사용하는 자들입니다.

오늘날 교회가 대형화 되어가고 기업화 되어가는 것은 모두가 목회자들의 욕심과 탐심 때문입니다. 이들이 바로 불의로 진리를 막고 있는 자들로 하나님의 영광을 썩어질 사람과 금수와 버러지 형상의 우상으로 바꾼 자들이라 말씀하고 있습니다.

[로마서 1장 18절-25절] 하나님의 진노가 불의로 진리를 막는 사람들의 모든 경건치 않음과 불의에 대하여 하늘로 좇아 나타나나니 이는 하나님을 알만한 것이 저희 속에 보임이라. 하나님께서 이를 저희에게 보이셨느니라. 창세로부터 그의 보이지 아니하는 것들 곧 그의 영원하신 능력과 신성이 그 만드신 만물에 분명히 보여 알게 되나니 그러므로 저희가 핑계치 못할찌니라 하나님을 알되 하나님으로 영화롭게도 아니하며 감사치도 아니하고 오히려 그 생각이 허망하여지며 미련한 마음이 어두워졌나니 스스로 지혜 있다 하나 우준하게 되어 썩어지지 아

니하는 하나님의 영광을 썩어질 사람과 금수와 버러지 형상의 우상으로 바꾸었느니라. 그러므로 하나님께서 저희를 마음의 정욕대로 더러움에 내어 버려두사 저희 몸을 서로 욕되게 하셨으니 이는 저희가 하나님의 진리를 거짓 것으로 바꾸어 피조물을 조물주보다 더 경배하고 섬김이라. 주는 곧 영원히 찬송할 이시로다. 아멘.

　상기의 말씀과 같이 하나님의 진노가 불의, 즉 가감된 비진리를 가지고 하나님의 진리를 막고 있는 자들에게 나타난다고 말씀하십니다. 이들이 바로 예수님이 말씀하신 바와 같이 천국 문을 닫아놓고 자신도 들어가지 않고 남도 들어가지 못하게 가로막고 있는 자들입니다. 이들이 바로 교인을 하나 얻으면 배나 더 지옥자식을 만들고 있는 삯군목자들입니다.

　이런 자들은 하나님을 알면서도 하나님께 감사치도 아니하며 오히려 그 생각과 마음이 어두워져 우준하게 되었다고 말씀을 하고 있습니다. 왜냐하면 이들은 하나님의 지혜를 가지고 있다고 하면서 하나님의 영광을 썩어질 사람과 금수와 버러지 형상의 우상으로 모두 바꾸어 버렸기 때문입니다.

하나님의 영광은 예수님을 말하며 사람과 금수와 버러지의 형상은 목회자와 교인들을 비유하여 말하고 있습니다.

　그러므로 하나님의 영광을 썩어질 사람과 금수와 버러지의 형상으로 바꾸었다는 것은 목회자들이나 교인들 자신이 예수님의 형상으로 바꾸어 하나님의 아들노릇을 하고 있다는 뜻입니다.

　하나님께서는 이들을 더러운 정욕 가운데 내어 버려두시고 그들의 몸을 욕되게 하셨다고 말씀하십니다. 결국 이들은 하나님의 거룩한 진리를 거짓으로 바꾸어 피조물인 사람을 조물주이신 하나님보다 더 경배하고 섬기고 있다는 것입니다. 즉 하나님과 예수님을 주님이라 말은 하면서도 실은 자기 교회 목사님을 더 경배하고 섬기고 있다는 것입니다. 이런 자들을 향하여 하나님께서는 지금도 진노하시면서 모두 멸하시겠다고 말씀하십니다.

　그러면 성경을 통해서 말씀하시는 참 하나님은 어떤 하나님이며 다른 하나님은 어떤 하나님을 말할까요? 이제 참 하나님과 다른 하나님에 대해서 말씀을 통해서 알아보기로 하겠습니다.

### 3) 참 하나님과 다른 하나님

[요한복음 1장 1절] 태초에 말씀이 계시니라. 이 말씀이 하나님과 함께 계셨으니 이 말씀은 곧 하나님이시라.

상기의 말씀에 하나님은 곧 말씀이시며 말씀은 곧 하나님이라고 하십니다. 그러므로 다른 하나님이란 다른 말씀을 말하는데 다른 말씀이란 정확무오한 하나님의 말씀을 거짓 서기관들과 삯군 목자들이 자신들의 유익을 위하여 가감하여 만든 교리와 그 교리에 따라서 전하는 말씀들을 말합니다. 이렇게 다른 하나님은 하나님의 본래 뜻을 저버리고 사람들의 뜻과 사람의 미각에 맞추어 전하는 말씀을 말합니다.

하나님께서 우리에게 주시는 하늘의 신령한 복은 하나님의 생명이며 곧 진리의 성령입니다. 그런데 하나님의 신령한 복을 거짓 선지자들과 삯군 목자들이 땅의 썩어 없어질 육신의 복으로 바꾸어 전하고 있습니다. 이렇게 거짓선지자와 삯군목자들이 전하는 말씀들을 바로, 다른 하나님 혹은 다른 복음이라고 말하는 것입니다.

[갈라디아서 1장 6절-10절] 그리스도의 은혜로 너희를 부르신 이를 이같이 속히 떠나 다른 복음 좇는 것을 내가 이상히 여기노라. 다른 복음은 없나니 다만 어떤 사람들이 너희를 요란케 하여 그리스도의 복음을 변하려 함이라 그러나 우리나 혹 하늘로부터 온 천사라도 우리가 너희에게 전한 복음 외에 다른 복음을 전하면 저주를 받을찌어다. 우리가 전에 말하였거니와 내가 지금 다시 말하노니 만일 누구든지 너희의 받은 것 외에 다른복음을 전하면 저주를 받을찌어다. 이제 내가 사람들에게 좋게 하랴 하나님께 좋게 하랴 사람들에게 기쁨을 구하랴 내가 지금까지 사람의 기쁨을 구하는 것이었더면 그리스도의 종이 아니니라.

상기의 말씀과 같이 그리스도의 은혜로 우리를 부르셨는데도 불구하고 부름을 받자마자 곧 삵군 목자들에게 미혹되어 다른 복음을 좇아가고 있다고 말씀하십니다. 하나님의 백성들이 그리스도의 말씀을 떠나 삵군목자들을 따라 다른 복음을 좇아가는 것은 삵군목자들이 전하는 말씀은 항상 축복이 차고 넘쳐서 교인들의 욕심을 마음껏 채워주며 기쁘게 해주기 때문입니다. 그러나 사도바울은 사람들을 좋게 하거나 사람들을 기쁘게 하는 말씀이 곧 다른 복음이며 또한 이런 말씀을 전하는 자들은 그리스도의 종이 아니라고 말씀하고 있습니다.

여기서 말하는 다른 복음은 삯군목자들이 사람들을 미혹하기 위해서 하나님의 말씀을 가감하여 사람의 입맛에 맞게 요리하여 만든 각종교리와 기복의 말씀을 말합니다. 그러나 변질된 복음을 전하거나 가감된 말씀을 무조건 아멘으로 받아들이고 있는 자들은 하나님의 저주를 받아 멸망하게 된다고 말씀하시는 것입니다. 그런데 이러한 일들은 하나님의 백성들이 참 복음보다 변질된 다른 복음이나 다른 예수를 더 좋아하며 영접하기 때문에 나타나는 현상입니다.

[고린도 후서 11장 4절] 만일 누가 가서 우리의 전파하지 아니한 다른 예수를 전파하거나 혹 너희의 받지 아니한 다른 영을 받게 하거나 혹 너희의 받지 아니한 다른 복음을 받게 할 때에는 너희가 잘 용납하는구나.

상기의 말씀은 누가 우리(사도들)가 전파하지 않은 다른 예수를 전파하거나 혹 너희가 받지 아니한 다른 영, 그리고 다른 복음을 전하면 잘 받아들이고 있다는 말입니다. 문제는 이렇게 다른 예수와 다른 영과 다른 복음을 받아들인 자들은 참 예수나 참 영이나 참 복음을 전하는 자들을 모두 이단으로 배척하고 핍박한다는 것입니다.

예수님은 성경에서 말씀하고 있는 예수와 기독교에서 교리로 만들어 섬기는 다른 예수가 있습니다. 그런데 기독교인들은 지금까지 성경이 말씀하고 있는 예수님은 모두 배척을 하고 기독교가 만들어 섬기는 다른 예수를 믿고 있다는 것입니다. 그러므로 기독교인들이 믿고 섬기고 있는 예수와 성경이 말씀하고 있는 예수님에 대해서 분명히 알아야 합니다.

왜냐하면 만일 기독교회가 만들어 섬기는 다른 예수를 믿는다면 천국을 가지 못하는 것은 물론 구원조차 받지 못하고 지옥으로 들어가기 때문입니다.

### 4) 기독교인들이 믿고 있는 예수

오늘날 기독교인들이 믿고 섬기고 있는 예수님은 성령으로 육신이 태어나 하나님의 아들이 된 예수입니다. 즉 기독교인들이 믿는 예수는 육신의 씨를 받지 않고 성령으로 태어난 예수입니다. 그러므로 예수님은 태어나실 때부터 죄가 없으신 성령이며 하나님이십니다. 그런데 성령으로 태어나 죄가 없으신 예수님이 요단강으로 나아가 요한으로부터 세례를 받았다는 것입니다. 세례는 육신으로 태어난 죄인들이 죄를 씻기 위해서 받는 것이며 성령으로 태어나 죄가 없으신 하나님의 아들은 세례를 받아서는 안 되며 받을 수도 없는 것입니다. 그런데 예수님께서 요단강에서 세례를 받았다는 것은 예수님도 우리와 같이 육신의 씨를 받고 태어났다는 것과 따라서 예수님도 세례받기 전에는 죄가 있었다는 것을 성경을 통해서 보여주고 있는 것입니다.

또한 기독교인들이 믿는 예수님은 성령으로 태어나 영원히 죽을 수 없는 하나님의 아들임에도 불구하고 죽으셨고 장사한지 사흘 만에 다시 살아나셨다는 예수님이십니다. 예수님은 성령으로 태어나셨기 때문에 육신자체가 하나님의 생명으로 죽고 싶어도 죽을 수 없는 영원한 생명인데 유대인들에게 잡혀서 십자가에 달려서 분명히 죽으셨고 무덤에 장사 된지 사흘 만에 죽은 몸이 다시 부활하여 살아나신 것입니다. 이것이 사실이라면 하나님의 생명도 인간들과 같이 죽고 죽은 하나님도 다시 부활해야 영원히 살수 있다는 것입니다.

기독교인들이 믿는 예수가 이러한 예수라면 예수는 하나

님의 아들이 아니라 인간과 조금도 다를 것이 없는 평범한 사람에 지나지 않는 것입니다. 이것은 목회자들이나 기독교인들이 아직 하나님의 아들로 거듭나지 못해 계시의 눈, 즉 영안이 없어 예수님에게 일어났던 사건들을 모두 육신적으로 보고 듣고 믿고 있기 때문에 나타나는 현상입니다. 예수님께서 세례를 받으시고 십자가에서 죽으시고 장사한 지 사흘 만에 다시 부활하였다는 것은 곧 예수님의 몸은 성령으로 태어난 것이 아니라 인간들과 같이 다윗의 혈통(씨)을 통해 요셉의 씨를 받아 태어났다는 것을 증명하고 있는 것입니다. 그러므로 기독교인들이 믿고 있는 예수는 성경이나 사도들이 말하는 예수가 아니라 기독교회가 만들어 낸 신화적 다른 예수라는 것입니다.

지금까지 기독교인들은 이렇게 다른 예수를 믿고 있기 때문에 예수를 아무리 열심히 믿어도 하나님의 아들이 될 수가 없었던 것입니다. 왜냐하면 예수님의 육신은 사람의 씨를 받지 않고 성령에 의해서 태어나셨지만 기독교인들은 육신의 씨를 받고 태어나서 예수님과 근본자체가 다르기 때문입니다.

그러므로 기독교인들은 아무리 예수를 열심히 믿어도 예수님과 같이 성령으로 태어날 수 없고 따라서 영원히 예수님과 같은 하나님의 아들이 될 수 없는 것입니다. 때문에 기독교인들은 이천년이 지난 지금까지 예수를 열심히 믿어 오고 있지만 예수와 같이 하나님의 아들이 된 사람은 단 한 사람도 없는 것입니다. 단지 기독교인들은 목사님의 말씀에 따라 예수를 믿음으로 하나님의 아들이 되었다고 막연히 믿고 있을 뿐입니다. 결국 기독교인들이 믿고 있는 예수는 실존 예수가 아니라 기독교가 만든 허상 예수이기 때문에 아무리 열심히 예수를 믿어도 하나님의 아들로 거듭나 예수가 될 수 없는 것입니다.

그러나 성경을 통해서 말씀하고 있는 예수를 올바로 믿고 따르며 말씀대로 행하는 자들은 지금도 사도들과 같이 하나님의 생명으로 거듭나 하나님의 아들이 될 수 있는 것입니다. 그러므로 오늘날 기독교인들은 성경이 말씀하고 있는 예수님을 반드시 알아야 하는 것입니다.

### 5) 성경이 말씀하고 있는 예수님.

성경이 말씀하고 계신 예수님은 예수님의 육신은 다윗의 혈통(씨)으로 나셨고 영은 하나님의 능력으로 부활(거듭나)하여 하나님의 아들이 되신 분이십니다. 즉 성경이 말씀하고 있는 예수님은 우리와 같이 육신은 육신의 씨를 받아서 태어나셨고 하나님의 생명은 하나님의 능력으로 죽은 자들 가운데서 부활(거듭나)하여 하나님의 아들이 되셨다는 것입니다. 성경은 예수님께서 이렇게 육신의 씨를 받고 태어나서 하나님의 아들이 되셨다는 것을 로마서 1장을 통해서 분명하게 말씀하고 있습니다.

[로마서 1장 2절-4절] 이 복음은 하나님이 선지자들로 말미암아 그의 아들에 관하여 성경에 미리 약속하신 것이라 이 아들로 말하면 육신으로는 다윗의 혈통(씨)에서 나셨고 성결의 영으로는 죽은 가운데서 부활하여 능력으로 하나님의 아들로 인정되셨으니 곧 우리 주 예수 그리스도시니라.

상기의 말씀은 예수님의 태어나심에 대해서 자세히 기록하고 있습니다. 예수님의 육신은 다윗의 혈통, 즉 다윗의 씨를 통해서 나셨고 성결의 영은 하나님의 능력으로 죽은 자들 가운데서 부활하여 하나님의 아들이 되셨다는 것을 분명히 말씀하고 있는 것입니다. 즉 예수님의 육신은 우리와 같이 다윗의 씨를 받아서 태어 나셨고 성결의 영 곧 하나님의 생명은 하나님의 능력으로 죽은 자들 가운데서 부활하여 하나님의 아들로 인정되셨다는 것입니다. 이렇게 태어나신 분이 곧 예수그리스도라고 분명하게 말씀하고 있는 것입니다. 때문에 예수님께서 육으로 난 것은 육이요 성령으로 난 것은 영이라 말씀하신 것입니다.

　이 말씀은 육신은 육신의 씨로 낳고 영은 성령으로 낳는 것이지 절대로 영이 육신을 낳을 수 없다는 것을 말씀하신 것입니다. 이렇게 예수님의 육신은 우리와 같이 다윗의 씨를 받아 태어나서 오신 죄인의 몸이기 때문에 요단강으로 나아가 세례 요한으로부터 세례를 받으신 것이며 세례를 받으시고 물에서 올라오실 때 하늘이 열리고(영안) 하나님의 성령이 비둘기 같이 임하였으며 이때 비로소 하나님께서 이는 내 사랑하는 아들이라 말씀하신 것입니다.

　예수님은 결국 30세에 요단강에서 세례요한으로부터 세례를 받으신 후 성령이 잉태되어 하나님의 아들로 태어난 것입니다. 때문에 예수님이 요단강에서 세례를 받고 하나님의 아들로 거듭나기 전 30년 동안 예수님께서 구원의 사역이나 죽은 영혼들을 살린 업적들을 기록한 문서들이 하나도 없는 것입니다. 이것은 예수님도 하나님의 아들로 거듭나기 전에는 우리와 같이 육신으로 태어나 지극히 평범한 인간이었다는 것을 증명하고 있는 것입니다. 때문에 예수님과 함께 한 솥에서 밥을 먹고 자란 예수님의 형제들이 나 주위의 가족들도 예수님이 하나님의 아들이라는 것을 전혀 몰랐던 것입니다.

그러나 예수님이 30세에 요단강에서 세례를 받으시고 하나님의 아들로 거듭난 후에는 조금도 지체하지 않고 즉시 세상으로 나아가 유대인들을 향해 회개하라 천국이 가까이 와 있다고 외치며 구원의 사역을 시작 하신 것입니다. 그러므로 마태복음과 누가복음에 기록된 성령의 잉태 사건은 예수님께서 30세에 요단강에서 세례를 받고 정결한 몸 (처녀)이 되었을 때 성령이 임하여(부활하여) 하나님의 아들로 태어나신다는 것을 미리 예언한 예언서입니다.

예수님의 탄생에 대한 예언은 이미 이사야 선지자를 통해서 말씀하신 것입니다.


[이사야 7장 14절-16절] 그러므로 주께서 친히 징조로 너희에게 주실 것이라 보라 처녀가 잉태하여 아들을 낳을 것이요 그 이름을 임마누엘이라 하리라 그가 악을 버리며 선을 택할 줄 알 때에 미쳐 뻐터와 꿀을 먹을 것이라 대저 이 아이가 악을 버리며 선을 택할 줄 알기 전에 너의 미워하는 두 왕의 땅이 폐한바 되리라.

상기의 말씀은 분명히 예수님의 태어나심에 대하여 이사야 선지자를 통해서 미리 예언한 말씀입니다. 이사야 선지자는 "보라 처녀가 잉태하여 아들을 낳을 것이요 그 이름을 임마누엘이라 하리라"고 예언하신대로 예수님은 임마누엘 하나님으로 유대 땅에 오신 것입니다. 그런데 이 아기 예수가 악을 버리고 선을 택할 줄 알 때까지 뻐터와 꿀을 먹을 것이라고 말씀하고 있습니다. 왜냐하면 예수님도 육신으로 태어나서 예수님 안에도 악, 곧 죄가 있기 때문에 선을 택할 줄 알기까지 뻐터와 꿀, 즉 생명의 말씀을 먹을 것이라고 말씀하신 것입니다.

　이렇게 이사야 선지자는 육신으로 태어난 예수님은 죄인의 몸이기 때문에 그 안에 죄를 모두 씻기까지 뻐터와 꿀, 즉 생명의 말씀을 먹어야하는 것이며 생명의 말씀을 통해서 모든 죄가 씻겨질 때 비로소 하나님의 아들로 태어난다는 것을 분명히 말씀하고 있는 것입니다. 이와 같이 이사야 선지자나 사도들은 성경을 통해서 예수님의 태어나심에 대하여 분명하고도 확실하게 말씀하고 있습니다. 이렇게 이러한 과정을 통해서 구원자로 오신 분이 바로 성경에서 말씀하고 계신 성경적인 예수님이십니다. 그럼에도 불구하고 기독교인들은 지금도 예수님은 나실 때 성령으로 태어나 죄가 없다고 주장을 하고 있는 것입니다. 그런데 성령으로 태어나 죄가 없으신 예수님이 세례를 받으시고 또 성령으로 태어난 하나님이 십자가에 달려 죽고 죽은 몸이 다시 부활하신 사건에 대해서는 모두 함구하고 있는 것입니다.

문제는 기독교인들이 믿는 예수는 실존 예수가 아니라 기독교인들이 만든 신화적 우상예수이기 때문에 아무리 예수를 열심히 믿어도 이천년이 지난 지금까지 예수가 된 사람이 단 한사람도 없다는 것입니다. 그러나 사도들이 말씀하는 성경적인 예수, 즉 몸은 육신으로 태어났지만 그 몸에 성령이 잉태되어 하나님의 아들이 되신 인간예수를 믿은 자들은 예수님 당시는 물론 그 후에도 계속하여 하나님의 아들로 태어나 예수가 되었고 지금도 성령이 잉태되어 하나님의 아들로 거듭나 예수가 되고 있다는 것입니다.

이렇게 예수님의 제자들이나 사도들이 믿었던 예수가 바로 육체로 오신 예수, 즉 몸은 육신의 씨를 받아 태어나셨고 성결의 영은 세례를 받은 후 성령이 임하여 하나님의 아들로 태어나신 성경적인 예수님이십니다. 그런데 이렇게 육체로 오신 예수님이나 이런 예수를 믿고 따르는 자들을 유대인들은 물론 오늘날 기독교인들도 한결같이 이단자로 배척을 하며 멸시천대를 하고 있는 것입니다. 그러나 하나님은 육체로 오신 예수님을 시인하지 않는 영은 모두 적그리스도의 영이라 말씀하고 있습니다.

[요한일서 4장 1절-3절] 사랑하는 자들아 영을 다 믿지 말고 오직 영들이 하나님께 속하였나 시험하라 많은 거짓선지자가 세상에 나왔음이니라 하나님의 영은 이것으로 알지니 곧 예수 그리스도께서 육체로 오신 것을 시인하는 영마다 하나님께 속한 것이요 예수를 시인하지 아니하는 영마다 하나님께 속한 것이 아니니 이것이 곧 적그리스도의 영이니라 오리라 한 말을 너희가 들었거니와 이제 벌써 세상에 있느니라.

상기에 영을 다 믿지 말라고 말씀하시는 영은 선지자(목회자)들이 전하는 하나님의 말씀을 말하고 있습니다. 즉 선지자나 오늘날 목회자들이 전하는 하나님의 말씀을 다 믿지 말고 그 말씀이 하나님께 속한 말씀인지 확인 해보라는 것입니다. 왜냐하면 오늘날 거짓선지자, 즉 거짓목자들이 이 세상에 수도 없이 많이 나와 있기 때문이라는 것입니다.

그러므로 하나님께서 오늘날 기독교인들에게 목자들이 전하는 말씀이 하나님께 속한 것인지 아니면 적그리스도에게 속한 것인지 확인 하는 방법을 알려주신 것입니다.

즉 목회자가 예수그리스도께서 육체로 오신 것을 시인하는 말씀은 하나님께 속한 말씀이고 예수그리스도가 육체로 오신 것을 부인하는 말씀, 곧 예수님은 육체로 태어나서 오신 분이 아니라 오직 성령으로 잉태되어 오셨다고 전하는 말씀은 적그리스도에 속한 말씀이라는 것입니다. 이러한 적그리스도나 적그리스도에 속해있는 자들은 육체로 오신 예수그리스도를 대적하며 이단으로 배척하고 핍박하고 있는 것입니다. 오늘날 기독교인들은 성령으로 잉태되어 오셨던 예수님이 구름타고 다시 오신다고 지금도 기다리고 있습니다. 그런데 본문에서 오리라한 예수님은 이미 벌써 세상에 오셔서 계시다고 말씀하고 있는 것입니다.

육체로 오신 예수님은 예수님 당시에 이미 사도들 안에 임하여 오셨으며 후에 디모데와 디도에게 오셨고 지금도 육체로 오신 예수님을 믿고 있는 자들 안에 오셔서 계신 것입니다. 그런데 오늘날 기독교인들은 유대인들과 같이 육체로 오신 예수님을 부인하며 이단이라 정죄를 하고 배척을 하고 있는 것입니다. 그러나 오늘날 육체로 오신 예수님을 믿고 시인하는 자들은 지금도 예수님의 입에서 나오는 말씀을 통해서 죄 사함을 받고 하나님의 아들로 거듭나서 예전에 사도들이나 예수님과 같이 죽은 영혼들을 구원하고 살려서 하나님의 아들로 거듭나게 하는 사역을 하고 있는 것입니다.

오늘날 기독교인들로서는 이러한 말씀들이 도저히 이해할 수 없는 말씀이며 생각조차 할 수 없는 일이라 생각합니다. 그러나 이러한 일들은 오늘날 기독교회 밖에서 지금도 행하고 있는 일이며 변함없이 일어나고 있는 일들입니다. 그런데 오늘날 기독교인들은 구원이나 생명에는 관심이 없고 오직 하나님께 축복을 받아 잘 살겠다는 욕심으로 신앙생활을 하는 것이기 때문에 거짓목자와 삯군목자들이 교인들의 취향이나 구미에 맞게 그리고 교인들의 욕구를 채워주는 말씀을 좋아하며 따르고 있는 것입니다.

그러므로 하나님께서 오늘날 기독교인들에게 경계로 이런 말씀을 주시는 것입니다,

[골로새서 2장 8절-10절] 누가 철학과 헛된 속임수로 너희를 노략할까 주의하라 이것이 사람의 유전과 세상의 초등학문을 좇음이요 그리스도를 좇음이 아니니라 그 안에는 신성의 모든 충만이 육체로 거하시고 너희도 그 안에서 충만하여 졌으니 그는 모든 정사와 권세의 머리시라.

상기의 말씀은 삯군 목자들이 교인들을 노략하기 위하여 하나님의 말씀보다 철학과 헛된 속임수로 미혹하고 있다는 것입니다. 그러나 이러한 말씀들은 전통적 교회의 유전과 세상의 초등학문이요 그리스도의 말씀을 좇는 것이 아니라는 것입니다. 오늘날 목회자들이 설교를 할 때 성경 몇 절을 봉독해놓고 말씀은 외면한 채 정치나 경제 혹은 철학이나 축복받았다는 간증들을 혼합하여 전하는 것을 종종 볼 수 있습니다. 이것은 말씀을 전하는 목자와 듣는 교인들이 하나님의 말씀보다 축복받은 간증이나 세상의 초등학문을 더 좋아하기 때문입니다.

　이렇게 목자들이 하나님의 말씀을 자기 마음대로 가감하여 사람들에게 듣기 좋고 먹기에 부드러운 말씀으로 요리하여 배불리 먹이고 있어 교인들의 마음이 더욱 부패해지는 것입니다. 때문에 오늘날 기독교인들도 하나님의 말씀을 떠나 자신들의 욕심을 채우기 위해 신앙생활을 하고 있는 것입니다. 그러므로 많은 사람들이 하나님과 예수 그리스도를 열심히 믿어도 천국에 들어가지 못하고 있는 것입니다. 천국은 하나님의 말씀대로 신앙생활을 하여 하나님의 뜻을 이룬 자, 즉 출애굽을 하여 광야를 거쳐 가나안에 들어가 하나님의 아들로 거듭난 자들만이 들어가는 것입니다. 이렇게 하나님의 뜻을 이루어 하나님의 아들로 거듭난 자들이 바로 천국의 시민권을 소유한 자들이며 이들이 바로 하나님이 계신 천국으로 들어갈 자들입니다.

이상의 말씀과 같이, 다른 하나님이란, 곧 다른 복음을 말하는 것인데, 다른 복음이란 대대로 내려오는 전통신앙을 중심으로 하여 교회들이 만든 각종 교리와 교회의 법과 교회의 모든 규범들을 말합니다. 오늘날 기독교인들은 성경을 절대권위라고 말하면서도 교회 안에서는 교리를 더 중요시하며 지키고 있는 것입니다. 그러므로 하나님께서 십계명을 통해서 "너는 나 외에 다른 하나님을 섬기지 말라"고 명하시는 말씀은 곧 내가 너희에게 준 계명이나 말씀 이외에 다른 어떤 말씀이나 교리도 절대로 믿거나, 섬기거나, 지키지 말라는 뜻입니다.

그럼에도 불구하고 오늘날 거짓선지자와 삯군 목자들은 지금도 하나님의 말씀을 가감하여 각종 교리를 만들어 놓고 교리를 통해서 하나님의 백성을 미혹하며 영혼들을 병들게 하고 있습니다. 그런데 오늘날 기독교인들은 이러한 사실도 모르고 삯군목자들이 하나님의 말씀을 가감하여 넘치도록 부어주는 축복의 말씀에 마음이 부요하게 되어 항상 기뻐하고 즐거워하고 있는 것입니다. 그러나 하나님께서는 이런 자들을 향해 신명기를 통해서 이렇게 말씀하고 있습니다.

[신명기 32장 15절–18절] 네가 살찌고 부대하고 윤택하매 자기를 지으신 하나님을 버리며 자기를 구원하신 반석을 경홀히 여겼도다 그들이 다른 신으로 그의 질투를 일으키며 가증한 것으로 그의 진노를 격발 하였도다 그들은 하나님께 제사하지 아니하고 마귀에게 하였으니 곧 그들의 알지 못하던 신, 근래에 일어난 새 신, 너희 열조의 두려워하지 않던 것들이로다. 너를 낳은 반석은 네가 상관치 아니하고 너를 내신 하나님은 네가 잊었도다.

상기의 말씀은 하나님의 백성들이 신앙이 부해지고 살림이 윤택해 지니까 자기를 지으신 하나님을 버리고 자신을 구원하신 반석(예수님)을 경솔히 여기며 가증한 다른 신, 즉 근래에 일어난 새 신(새로운 하나님)을 섬기며 제사를 드린다는 것입니다. 그러면 근래에 일어난 새 신은 과연 어떤 신을 말하는 것일까요? 그것은 곧 사람들이 하나님의 말씀을 가지고 새롭게 만들어 놓은 각종교리와 교회의 규범을 말하고 있습니다. 즉 기독교회에서 새롭게 만들어낸 구원관으로 오직 믿음으로 의롭게 된다는 이신칭의 교리, 장로교회의 예정론, 감리교의 만인 구원설, 안식교의 안식일 구원관 등이며 천주교는 죽은 영혼을 위해 헌금을 하면 죽은 자도 죄 사함을 받아 천국을 갈수 있다면서 심지어 면죄부를 팔기도 한 사례가 있습니다.

이렇게 오늘날 기독교인들은 하나님의 율법과 계명을 모두 폐해 버리고 또한 예수님의 말씀을 등한히 여기며 사람이 만든 각종교리를 지키고 있는 것입니다. 때문에 하나님께서 진노하고 계신 마귀나 다른 하나님의 실체는 곧 사람들이 만들어낸 각종 교리와 전통신앙을 말합니다. 결국 이스라엘 백성들이 애굽에서 믿고 섬겼던 신은 하나님이 아니라 다른 신이었다는 것입니다. 오늘날 기독교인들도 오직 하나님과 예수님만을 믿고 섬기며 신앙생활을 하고 있다 해도 아직 출애굽을 못한 상태에서 교리와 기복신앙에 머물고 있다면 곧 다른 하나님을 섬기고 있다는 것을 알아야 합니다.

문제는 오늘날 기독교인들이 오직 예수님을 믿음으로 구원을 받아 아들이 되었다는 이유로 십계명이나 율법을 전적으로 도외시하며 관심조차 갖지 않고 있다는 것입니다. 또한 오늘날 기독교인들은 지금까지 단 한번도 다른 신을 믿거나 섬긴 적이 없다고 큰소리치며 호언장담하고 있는 것입니다. 만일 사실이 그렇다면 하나님께서 이스라엘 백성이나 오늘날 기독교인들을 잘못 보시고 다른 신들을 섬기고 있다고 누명을 씌우고 있다고 생각할 수 있습니다. 그렇다면 하나님께서 십계명을 통하여 하나님의 백성들에게 거짓증거를 하지 말라고 하시면서 하나님 자신이 거짓증거와 더불어 위증까지 하고 계시다는 것입니다.

그러나 하나님은 본질이 진실로서 거짓말이나 위증을 하실 수 없는 분이시라는 것을 하나님을 믿는 백성들이라면 누구나 잘 알고 있다고 생각합니다. 그러므로 하나님께서 이스라엘 백성들이나 오늘날 기독교인들에게 너희가 다른 신을 섬기고 있다고 하신 말씀을 모두 인정하고 받아들여야 합니다. 그리고 오늘날 기독교인들이 지금까지 소홀히 생각했던 십계명에 대하여 특히 일 계명에 대하여 관심을 갖지 않으면 안 됩니다.

문제는 아직 애굽신앙에 머물러 있는 하나님의 백성들은 예나 지금이나 하나님의 진리나 생명을 추구하는 것이 아니라 오직 하나님의 능력에 의한 이적과 표적을 바라고 원하는 기복신앙이라는 것입니다. 이런 이유 때문에 이스라엘 백성들이 애굽 땅에서 사백 삼십년 동안 종노릇을 하며 신앙생활을 하였지만 하나님께서 애굽에 머물고 있을 때는 십계명을 주지 않으신 것입니다.

그러므로 오늘날도 애굽에 속한 기독교회에는 십계명이나 율법이 없는 것이며 때문에 오늘날 목회자들은 각종 교리와 전통신앙과 신학을 중심으로 하여 교인들을 가르칠 수밖에 없는 것입니다. 이와 같이 지금도 애굽교회에 머물고 있는 하나님의 백성들에게는 율법을 소유한 모세가 없고 은혜와 진리이신 예수님도 없기 때문에 교리와 신학을 소유하고 있는 제사장, 즉 목회자들을 믿고 따를 수밖에 없는 것입니다. 이러한 이유 때문에 세례요한과 예수님께서 오셔서 천국이 가까이 와 있으니 회개하라고 외치신 것인데 회개하라는 뜻은 세상의 윤리도덕적인 죄를 회개하라는 말씀이 아니라, 애굽의 교리신앙에 머물러 있는 자들은 광야로 나오라는 말이며 광야의 율법에 매여 있는 자들은 은혜와 진리가 있는 가나안으로 나오라는 뜻입니다.

왜냐하면 애굽의 교리와 제사장에 매여 있는 자들은 광야로 나와야 율법과 모세를 만날 수 있고 또한 광야의 율법 아래 있는 자들은 가나안 땅으로 나와야 은혜와 진리이신 예수님을 만날 수 있기 때문입니다.

이와 같이 아직 애굽신앙에 머물러 있는 자들은 출애굽

하여 모세가 주는 계명과 율법을 받아 지키지 않고는 절대로 가나안 땅에 들어갈 수 없고 또한 예수님을 만날 수가 없는 것입니다. 결국 광야에 계신 모세는 애굽에서 각종교리에 매여 종노릇을 하고 있는 하나님의 백성들을 구원하기 위하여 존재하고 있는 것이며 가나안에 계신 예수님은 광야에서 율법에 갇혀 종노릇하고 있는 자들을 구원하기 위하여 존재하고 계신 것입니다. 오늘날 기독교에 이천년이 지난 지금까지 모세나 예수님이 없었던 것은 바로 이러한 이유 때문입니다. 그러나 출애굽을 하면 지금도 광야에는 모세가 있고 가나안에 들어가면 지금도 예수님이 계시다는 것을 알아야 합니다.

결국 예수님은 항상 가나안 땅에 계시고 모세는 광야에 계시지만 애굽 땅에는 언제나 제사장과 목사 밖에 없다는 것입니다. 이렇게 예수님은 알파와 오메가(시작부터 끝까지)로 가나안 땅에는 언제나 변함없이 항상 계시지만 세상교회(애굽교회)에는 지금까지 없었으며 앞으로 이천년을 더 기다린다 해도 그 예수님은 오시지 않는다는 것을 알아야 합니다. 그러나 출애굽을 하여 광야를 거쳐서 가나안 땅에 들어간 자들은 지금도 예수님을 만날 수 있는 것입니다.

그러므로 오늘날 기독교인들은 이천년이 지난 지금까지

오시지 않는 예수님을 하염없이 기다리고만 있을 것이 아니라 하루속히 애굽의 교리신앙과 기복신앙에서 벗어나 광야로 나아가 모세부터 만나야 합니다. 이렇게 모세를 만나 십계명과 율법을 통한 광야의 훈련을 모두 마친다면 요단강을 건너 가나안땅에 들어가 가나안에 계신 예수님을 만나게 되는 것입니다. 결국 십계명은 율법과 더불어 하나님의 백성들을 그리스도에게로 인도하는 몽학선생이요 광야의 목자입니다. 그러므로 가나안으로 들어가서 예수님을 만나려는 하나님의 백성들은 무엇보다 먼저 십계명에 대하여 분명하게 알아야 합니다.

그런데 오늘날 기독교인들은 지금도 전통적으로 내려오는 보수신앙만을 사수하고 지키며 하나님의 법도와 율법과 계명은 모두 외면하고 준행하지 않고 있는 것입니다. 그러므로 하나님은 열왕기하 17장을 통해서 이렇게 말씀하시는 것입니다.

[열왕기하 17장 34절-41절] 저희가 오늘까지 이전 풍속대로 행하여 여호와를 경외치 아니하며 또 여호와께서 이스라엘이라 이름을 주신 야곱의 자손에게 명하신 율례와 법도와 율법과 계명을 준행치 아니하는도다. 옛적에 여호와께서 야곱의 자손에

게 언약을 세우시고 저희에게 명하여 가라사대 너희는 다른 신을 경외하지 말며 그를 숭배하지 말며 그를 섬기지 말며 그에게 제사하지 말고 오직 큰 능력과 편 팔로 너희를 애굽에서 인도하여 낸 여호와만 너희가 경외하여 그를 숭배하며 그에게 제사를 드릴 것이며 또 여호와가 너희를 위하여 기록한 율례와 법도와 율법과 계명을 너희가 지켜 영원히 행하고 다른 신들을 경외치 말며 또 내가 너희와 세운 언약을 잊지 말며 다른 신들을 경외치 말고 오직 너희 하나님 여호와를 경외하라. 그가 너희를 모든 원수의 손에서 건져내리라 하셨으나 그러나 저희가 듣지 아니하고 오히려 이전 풍속대로 행하였느니라. 그 여러 민족이 여호와를 경외하고 또 그 아로새긴 우상을 섬기더니 그 자자손손이 그 열조의 행한 것을 좇아 오늘까지 그대로 하니라.

상기의 말씀과 같이 하나님의 백성들이 지금까지 대대손손이 전통적으로 지켜오는 풍속, 즉 유전에 따른 교리와 기복신앙을 지키면서 여호와는 경외치 않고 하나님께서 지키라고 명하신 하나님의 율례와 법도와 율법과 계명을 준행하지 않는다는 것입니다. 그러므로 하나님께서 예전에 야곱의 자손에게 언약을 세우시고 저희에게 명하여 너희는 다른 신을 경외하지 말며 그 신들을 숭배하거나 섬기지 말며 그 신에게 제사하지 말라고 명하시는 것입니다. 또한 너희는 오직 큰 능력과 편 팔로 너희를 애굽 땅에서 인도하여 낸 여호와만 경외하고 숭배하며 여호와께 제사를 드리라고 말씀하고 있는 것입니다. 그리고 하나님께서 너희를 위해 주신 율례와 법도와 율법과 계명을 너희는 영원토록 지켜 행하고 다른 신들을 경외치 말라고 엄히 명하시고 있습니다.

이어서 하나님은 내가 너희와 세운 언약을 잊지 말며 다른 신들을 경외치 말고 오직 너희 하나님 여호와를 경외하라는 것입니다. 이렇게 하나님께서 엄히 명하시는데도 불구하고 하나님의 백성들은 여호와의 말씀을 듣지 않고 예전부터 지켜오고 있는 유전과 교리를 지키고 있다는 것입니다. 왜냐하면 이들은 지금도 여호와를 경외하면서도 한편으로는 신앙의 풍속에 따라 사람들이 만들어 놓은 아로새긴 우상, 즉 대대로 내려오는 전통적 신앙과 각 교파들이 만들어 놓은 각종 교리와 규례와 교회법 등을 자자손손이 내려오면서 지금까지 섬기고 있기 때문입니다. 오늘날 기독교인들이 믿고 섬기고 있는 다른 신들은 사람들이 만들어놓은 각종 교리와 기복의 신들입니다.

이렇게 사람들이 만들어 놓은 각종 교리들은 오늘날 교

회의 견고한 바벨론 성이 되어 예수님의 말씀이나 사도들의 말씀까지도 배척하고 핍박하는 무서운 존재들입니다. 문제는 유대인들이나 오늘날 기독교인들이 자신들이 지금까지 전통적으로 지켜오는 신앙이나 교리가 바로 하나님께서 말씀하시는 다른 하나님이라는 것을 전혀 모르고 있다는 것입니다. 때문에 유대인들이나 기독교인들은 지금도 자신들은 아브라함의 자손이며 하나님의 택한 백성이라 믿으며 큰소리치고 있는 것입니다. 그러므로 예수님께서 자칭 아브라함의 자손이라 하는 자들을 향해 이렇게 말씀하시는 것입니다.

[요한복음 8장 37절-45절] 나도 너희가 아브라함의 자손인 줄 아노라 그러나 내 말이 너희 속에 있을 곳이 없으므로 나를 죽이려 하는도다. 나는 내 아버지에게서 본 것을 말하고 너희는 너희 아비에게서 들은 것을 행하느니라. 대답하여 가로되 우리 아버지는 아브라함이라 하니 예수께서 가라사대 너희가 아브라함의 자손이면 아브라함의 행사를 할 것이어늘 지금 하나님께 들은 진리를 너희에게 말한 사람인 나를 죽이려 하는 도다. 아브라함은 이렇게 하지 아니 하였느니라 너희는 너희 아비의 행사를 하는 도다 대답하되 우리가 음란한데서 나지 아니하였고

아버지는 한분뿐이시니 곧 하나님이시로다. 예수께서 가라사대 하나님이 너희 아버지였으면 너희가 나를 사랑하였으리니 이는 내가 하나님께로 나서 왔음이라 나는 스스로 온 것이 아니요 아버지께서 나를 보내신 것이니라 어찌하여 내 말을 깨닫지 못하느냐 이는 내 말을 들을 줄 알지 못함이로다. 너희는 너희 아비 마귀에게서 났으니 너희 아비의 욕심을 너희도 행하고자 하느니라 저는 처음부터 살인한 자요 진리가 그 속에 없으므로 진리에 서지 못하고 거짓을 말할 때마다 제 것으로 말하나니 이는 저가 거짓말 장이요 거짓의 아비가 되었음이니라 내가 진리를 말하므로 너희가 나를 믿지 아니하는도다.

상기의 말씀은 예수님과 유대인들이 다른 아버지, 즉 서로 다른 하나님 때문에 다툼을 벌이고 있는 장면입니다. 이 사건은 오늘날 기독교인들에게도 큰 충격과 많은 교훈을 주고 있는 말씀입니다. 이 말씀 속에서 예수님께서 말씀하고 있는 하나님 아버지와 유대인들이 섬기고 있는 하나님 아버지는 전혀 다르다는 것을 알 수 있습니다. 예수님께서 "진리를 알지니 진리가 너희를 자유케하리라"는 말씀을 유대인들이 듣고 "우리는 종이 된 적이 없는 아브라함 자손인데 우리가 어찌하여 자유케 되리라 하느냐"고 예수님에게 항변을 하고 있는 것입니다. 이에 예수님은 나도 너희가 아브라함의 자손인 줄 아노라 그러나 내 말이 너희 속에 있을 곳이 없으므로 나를 죽이려 하는 것이라고 말씀하십니다. 즉 유대인들 안에는 전통적으로 내려오는 유전과 교리가 들어 있기 때문에 예수님이 하시는 말씀이 들어갈 수가 없다는 뜻입니다.

이어서 예수님은 유대인들에게 나는 내 아버지에게서 본 것을 말하고 너희는 너희 아비에게서 들은 것을 행하고 있다고 말하니 유대인들은 우리 아버지는 아브라함이라 말하고 있습니다. 예수님은 유대인들이 믿고 섬기는 아버지는 다른 하나님이라는 것을 이미 아시고 지적을 하시는데 유대인들은 예수님이 하시는 말씀의 뜻을 모르고 우리아버지는 아브라함이라 말하는 것입니다. 그러므로 예수께서 너희가 아브라함의 자손이면 아브라함의 행사를 할 것인데 너희는 지금 하나님께 들은 진리를 너희에게 말하는 나를 죽이려 하고 있다고 말씀하시면서 너희는 너희아비 마귀의 행사를 하고 있다고 말씀하고 있습니다. 즉 유대인들이 진정한 아브라함의 자손이면 하나님의 아들인 예수님을 알고 영접할 터인데 아버지가 다르기 때문에 예수님을 모르고 오히려 죽이려 하고 있다는 것입니다.

이 말씀을 듣고 유대인들은 우리가 음란한데서 나지 아니하였고 아버지는 한 분뿐이시니 곧 하나님이라 말하고 있습니다. 즉 유대인들은 지금까지 자신들이 믿고 있는 아버지는 오직 한 분뿐이기 때문에 다른 아버지, 곧 다른 하나님이라는 것조차도 모르고 있는 것입니다. 이에 예수님은 만일 하나님이 너희 아버지였으면 너희가 내말을 듣고 나를 사랑하였을 터인데 내말을 듣지 못하는 것은 너희가 너희 아비 마귀에게서 태어났기 때문이라는 것입니다. 이어서 예수님은 너희 아비는 처음부터 살인한 자요 진리가 그 속에 없기 때문에 진리를 말할 때마다 제 것으로 말하는데 이는 거짓말 장이요 거짓의 아비가 되었기 때문이라는 것입니다. 결국 유대인들의 조상은 아브라함이나 하나님이 아니라 마귀이며 처음부터 영혼을 죽이고 있는 살인자라는 것입니다.

　문제는 유대인들이나 오늘날 기독교인들이 지금 자신이 믿고 섬기는 하나님이 어떤 하나님인지 조차 모르고 있다는 것입니다. 그러므로 오늘날 기독교인들은 지금 자신이 믿고 모시고 있는 하나님이 참 하나님인지 아니면 다른 하나님인지부터 알아보아야 할 것입니다.

　왜냐하면 만일 자신이 믿고 섬기는 하나님이 유대인들과

같이 참 하나님이 아니라 마귀 하나님이라면 아무리 열심히 믿고 섬기며 신앙생활을 하여도 지옥으로 갈 수 밖에 없기 때문입니다. 그런데 유대인들이나 오늘날 기독교인들은 한결같이 자기가 믿고 섬기고 있는 하나님은 참 하나님이라고 철저히 믿고 있기 때문에 예수님께서 다른 하나님이라는 것을 알려주어도 듣지도 않을 뿐만 아니라 오히려 이단 혹은 귀신들렸다고 배척을 하며 핍박을 하는 것입니다. 이렇게 유대인들이나 오늘날 기독교인들이 다른 하나님을 믿고 있는 것은 하나님의 말씀을 떠나서 전통적으로 내려오는 유전과 교리 그리고 가감된 비진리를 믿고 섬겨왔기 때문입니다.

결국 유대인들이 가지고 있는 비진리나 다른 복음은 예수님이나 사도들을 대적하고 죽이기까지 하는 무서운 마귀요 적그리스도인 것입니다. 이와 같이 하나님의 말씀을 올바르게 알지 못하면 유대인들이 하나님께서 보내주신 예수님을 모르고 죽이려 한 것과 같이 오늘날 기독교인들도 하나님께서 보내 주시는 참목자를 이단으로 배척하고 죽일 수밖에 없다는 것입니다. 그럼에도 불구하고 오늘날 기독교인들은 오직 자기 종파나 교파의 교리만이 정통이다 혹은 보수라고 주장을 하면서 오늘날 하나님께서 보내주시는 참 목자를 이단으로 배척을 하고 있는 것입니다. 그러므로 이제라도 사람이 만든 교리나 유전들을 버리고 하나님의 말씀으로 돌아가야 합니다. 그리고 참 목자, 즉 오늘날 하나님께서 보내주시는 하나님의 아들을 믿고 그의 말씀을 영접해야합니다.

그런데 오늘날 예수님과 같은 하나님의 아들이 존재하느냐 하는 것입니다. 만일 오늘날 하나님께서 보내주시는 하나님의 아들이 없다면 기독교인들은 구원을 받을 수가 없다는 것입니다. 그러므로 오늘날 기독교인들은 다시 오실 예수님을 지금도 기다리고 있는 것입니다. 그런데 말씀을 보면 예수님은 알파(시작)와 오메가(끝)로서 전(과거)에도 계셨고 이제(현재)도 계시며 장차(미래)에도 계신다고 분명하게 말씀하고 있습니다.

이 말은 예수님께서 입고 있는 몸만 다르지 하나님의 생명으로 거듭난 자들 안에 오셔서 지금도 계시다는 뜻입니다.

[요한계시록 1장 8절] 주 하나님이 가라사대 나는 알파와 오메가라 이제도 있고 전에도 있었고 장차 올 자요 전능한 자라 하시더라.

예수님은 상기의 말씀과 같이 과거나 현재나 미래에도 언제나 항상 계시기 때문에 지금도 이미 와 계시다는 말씀입니다. 그런데 유대인들이 그들을 구원하러 오신 예수님을 몰라본 것 같이 오늘날 기독교인들도 지금 오셔서 계신 예수님을 몰라보고 있는 것입니다.

문제는 예수님이 눈앞에 계셔도 영안이 없으면 볼 수가 없고 알 수도 없다는 것입니다. 그러나 예수님이 내 눈에 안 보인다고 해서 예수님이 없다거나 안 오셨다고 해서는 안 됩니다. 그런데도 불구하고 오늘날의 삯군목자들이 지금은 성령시대이기 때문에 성령이 구원을 시킨다고 거짓증거를 하고 있는 것입니다. 그러나 오늘날 기독교인들을 구원하기 위해서 하나님께서 보내주시는 구원자는 성령이 아니라 하나님과 사람 사이에 계신 중보자, 즉 사람이신 그리스도 예수라고 분명히 말씀하고 있습니다.

[디모데전서 2장 5절] 하나님은 한 분이시요 또 하나님과 사람사이에 중보도 한 분이시니 곧 사람이신 그리스도 예수라.

상기의 말씀과 같이 오늘날 기독교인들을 구원하시는 구원자는 이천년 전에 오셨던 예수님이나 성령님이 아니라 오늘날 육체로 오신 인간예수이신 것입니다. 그런데 유대인들이 이천년 전에 유대인들을 구원하기 위해서 육체로 오신 예수를 부정하며 배척한 것과 같이 오늘날 기독교인들도 오늘날 육체로 오셔서 계신 예수님을 믿지 않을 뿐만 아니라 오히려 이단으로 배척을 하고 있는 것입니다. 때문에 요한일서 4장 2절을 통해서 예수그리스도께서 육체로 오신 것을 부인하는 영(말씀)은 하나님의 영이 아니라 적그리스도의 영이라고 말씀하시는 것입니다.

그럼에도 불구하고 오늘날 기독교인들은 손오공처럼 구름타고 오신다는 예수님만 기다리며 지금 말씀이 육신이 되어 인간의 모습으로 오신 예수님은 부인하며 이단으로 배척을 하고 있는 것입니다. 이 모두가 하나님의 말씀을 모르는 무지와 지금까지 기독교회가 만든 신화적 예수를 믿고 있기 때문입니다. 그러므로 하나님께서는 오늘날 하나님께서 보내주시는 하나님의 아들을 믿고 영접하면 구원을 받아 하나님의 아들이 되는 권세를 주시지만 믿지 않거나 배척을 하면 심판을 받는다고 말씀하시는 것입니다. 그런데 기독교인들이 하나님의 아들을 믿지 않는 것은 곧 모세를 믿지 않기 때문이라는 것입니다.

[요한복음 5장 45절-47절] 내가 너희를 아버지께 고소할까 생각지 말라 너희를 고소하는 이가 있으니 곧 너희의 바라는 자 모세니라 모세를 믿었더면 또 나를 믿었으리니 이는 그가 내게 대하여 기록하였음이라 그러나 그의 글도 믿지 아니하거든 어찌 내 말을 믿겠느냐 하시니라.

유대인들이나 오늘날 기독교인들이 예수를 믿지 않는 것은 곧 모세의 글, 즉 율법을 믿지 않기 때문이라는 것입니다. 왜냐하면 모세가 기록한 모세 오경은 모두 오실 메시야 (구원자), 즉 예수님에 대하여 기록해 놓았기 때문입니다. 오늘날 기독교인들은 예수님께서 오셔서 율법을 모두 폐하였다는 이유로 율법을 지키지 않는 것은 물론 율법자체를 모르고 있습니다.

그러나 예수님은 율법을 폐하러 오신 것이 아니라 오히려 강조하기 위해서 오신분입니다. 따라서 율법을 폐한 것은 예수님이 아니라 오늘날 목회자들입니다. 율법은 예수 그리스도에게 인도하는 몽학선생으로 율법이 없으면 절대로 가나안에 계신 예수그리스도에게로 갈 수가 없는 것입니다.

[갈라디아서 3장 22절-24절] 성경이 모든 것 (모든 사람)을 죄 아래 가두었으니 이는 예수 그리스도를 믿음으로 말미암은 약속을 믿는 자들에게 주려 함이니라 믿음이 오기 전에 우리가 율법 아래 매인 바 되고 계시될 믿음의 때까지 갇혔느니라 이같이 율법이 우리를 그리스도에게로 인도하는 몽학선생이 되어 우리로 하여금 믿음으로 말미암아 의롭다 함을 얻게 하려 함이니라.

상기의 말씀에 성경, 즉 율법이 모든 사람을 죄 아래 가두신 것은 예수그리스도를 믿는 믿음으로 말미암아 약속을 믿는 자들에게 주려는 것이라는 뜻입니다. 즉 하나님께서 모든 사람을 율법으로 죄 아래 가두신 것은 예수그리스도를 믿는 자들에게 하나님의 생명을 주시겠다는 것입니다.

그런데 오늘날 기독교인들은 예수님께서 율법을 폐하셨다는 이유로 율법을 외면하고 있으며 예수그리스도를 믿음으로 이미 하나님의 아들이 되어 있는 것입니다. 즉 하나님의 말씀보다 목사님의 말씀을 더 신뢰하고 믿고 있다는 뜻입니다.

오늘날 기독교인들이 세상(애굽)교회에 머물면서 구약성경을 통하여 하나님께서 말씀하고 계신 율법이나 십계명을 외면하고 등한히 하고 있는 이유는 첫째, 구약성경에 기록되어 있는 율법을 보면 어느 사람을 막론하고 죄인이 되어 죄 속에 갇히게 되기 때문이며, 둘째 이유는 율법에 갇히게 되면 그 속에서 어떠한 행위로든지 빠져 나올 수 있는 사람이 한 사람도 없기 때문입니다. 그러므로 오늘날 기독교인들은 율법이나 십계명은 그 옛날 구약시대에 살았던 이스라엘 민족들에게만 해당되는 것이며 오늘날은 은혜와 진리 시대가 되어 전혀 해당되지 않기 때문에 지킬 필요가 없다고 주장하고 있는 것입니다. 그러나 성경을 자세히 보면 전혀 그렇지 않다는 것을 알 수 있습니다.

구약성경에 기록된 하나님의 율법과 십계명을 비롯하여 하나님의 모든 말씀은 그 옛날 이스라엘 민족들이나 오늘날의 기독교인들이나 앞으로 몇 천년 후에 태어날 우리의 후손들에게도 모두 동일하게 적용된다고 말씀하고 있습니다. 왜냐하면 율법이 구약시대의 이스라엘백성에게만 해당되는 것이라면 구약성경은 하나님의 말씀이 아니라 이스라엘백성들의 역사를 기록해놓은 역사책에 불과 하기 때문인 것입니다. 이것은 마치 지구는 공전과 자전이 계속되는 가운데 낮과 밤이 날마다 교차되지만 밝은 태양은 언제나 변함없이 지구를 밝게 비춰주고 있듯이 그리고 그 빛은 천년

전이나 오늘날이나 혹은 천만년 후에도 조금도 변함없이 지구의 모든 만물을 동일하게 비춰주는 것과 같이 하나님의 모든 말씀도 비록 시대는 변하고 사람들은 교체되지만 어느 시대 어느 누구에게나 항상 동일하게 주시는 말씀입니다.

이와 같이 구약성경의 율법과 십계명은 지금도 변함없이 모든 사람이 죄인이라는 것을 깨닫게 하며 율법에 갇혀있는 자들을 그리스도에게로 인도하는 길잡이, 즉 몽학선생(광야의 목자)의 역할을 하고 있는 것입니다. 그러므로 율법에 갇히지 않은 자는 자유자가 될 수 없고 율법의 인도함을 받지 않고는 절대로 예수 그리스도에게 나아갈 수가 없는 것입니다. 이것은 초등학생이 중, 고등학교를 거치지 않고는 대학교에 들어 갈 수 없는 것과 같은 것입니다.

이와 같이 하나님의 아들로 거듭나려면 먼저 애굽교회에서 출애굽을 하여 광야로 들어가 율법을 통한 광야의 시험과 연단을 받고 가나안 땅으로 들어가야 합니다. 그러면 그때 가나안에 계신 예수님을 만나게 되어 예수님이 주시는 산 떡, 즉 생명의 말씀을 통해서 하나님의 아들로 거듭나게 되는 것입니다. 이렇게 하나님의 아들로 거듭나는 과정과 가나안으로 가는 길은 하나님께서 태초부터 정해놓으신 것입니다. 때문에 믿음의 선진들이 하나님께서 정해놓으신 길을 예외 없이 모두 걸어가신 것입니다.

[신명기 8장 1-6절] 내가 오늘날 명하는 모든 명령을 너희는 지켜 행하라 그리하면 너희가 살고 번성하고 여호와께서 너희의 열조에게 맹세하신 땅에 들어가서 그것을 얻으리라 네 하나님 여호와께서 이 사십년 동안에 너로 광야의 길을 걷게 하신 것을 기억하라 이는 너를 낮추시며 너를 시험하사 네 마음이 어떠한지 그 명령을 지키는지 아니 지키는지 알려하심이라 너를 낮추시며 너로 주리게 하시며 또 너도 알지 못하며 네 열조도 알지 못하던 만나를 네게 먹이신 것은 사람이 떡으로만 사는 것이 아니요 여호와의 입에서 나오는 모든 말씀으로 사는 줄을 너로 알게하려 하심이니라 이 사십년 동안에 네 의복이 해어지지 아니하였고 네 발이 부릍지 아니하였느니라 너는 사람이 그 아들을 징계함 같이 네 하나님 여호와께서 너를 징계하시는 줄 마음에 생각하고 네 하나님 여호와의 명령을 지켜 그 도를 행하며 그를 경외할찌니라.

상기의 말씀은 하나님께서 오늘날 하나님의 백성들에게 주시는 말씀으로 우리 열조에게 약속한 땅, 즉 가나안에 들어가 영원한 생명을 얻어 자손들을 번성케 하려면 여호와의 모든 명령을 지켜 행하라는 것입니다. 이 말씀에 따라 우리믿음의 조상들이 모두 이 길을 걸어가셨고 따라서 오늘날 기독교인들도 이 길을 걸어가야 젖과 꿀이 흐르는 가나안 땅에 들어가 영원한 하나님의 생명을 얻게 되는 것입니다. 그러므로 하나님께서 오늘날 기독교인들에게도 믿음의 조상들이 사십년 동안 불기둥과 구름기둥 속에서 시험과 연단을 받으며 걸어간 광야의 길을 기억하라고 말씀하시는 것입니다. 하나님께서 광야의 길을 가게 하신 것은 하나님의 백성들의 교만한 마음을 겸손하게 낮추고 또 그 마음을 시험하여 하나님의 명령을 지키는지 아니 지키는지 알려 하신다는 것입니다.

하나님께서 하나님의 백성들의 마음을 낮추시며 굶주리게 하시며 또 너도 알지 못하며 네 열조도 알지 못하던 만나를 네게 먹이신 것은 사람이 떡으로만 사는 것이 아니요 여호와의 입에서 나오는 모든 말씀으로 사는 것을 알게 하시려는 것입니다. 하나님의 백성들이 사십년 동안 광야의 험난한 길을 걸어가도 의복이 해어지지 아니하였고 발도 부릍지 않았다는 것입니다. 그런데 애굽에 있는 하나님의 백성들이나 오늘날 기독교인들은 출애굽하여 광야로 나가면 어떻게 먹고 무엇을 입을까를 걱정하며 광야로 나가려 하지 않고 있는 것입니다.

그러므로 이스라엘 백성들은 출애굽을 하는데 430년이 걸렸고 오늘날 기독교인들은 이천년이 지난 지금까지 출애굽을 하지 못하고 있는 것입니다. 오늘날 기독교인들은 이렇게 하나님이 정해놓은 광야의 길을 걸어가지 않고 단지 예수를 믿는다는 믿음 하나로 이미 가나안에 들어간 것으로 착각하고 있는 것입니다. 때문에 오늘날 기독교 안에는 이천년이 지난 지금까지 하나님의 아들로 거듭난 예수가 없는 것입니다. 이어지는 말씀은 사람이 그 아들을 징계함 같이 네 하나님 여호와께서 너를 징계하시는 줄로 마음에 생각하고 네 하나님 여호와의 명령을 지켜 그 도를 행하며 그를 경외하라는 것입니다. 왜냐하면 하나님의 백성들이 살고 죽는 것은 여호와 하나님의 명령을 지키느냐 안 지키느냐에 달려 있기 때문입니다.

그러므로 오늘날 기독교인들이 하나님께서 주시겠다고 약속하신 가나안 땅에 들어가려면 반드시 하나님의 명령과 규례를 지켜 행해야 합니다. 하나님께서 하나님의 백성들을 광야의 사십년 길을 걷게 하시는 이유는 교만한 마음을 낮추시고 하나님을 경외하게 하여 하나님의 명령을 지키게 하시려는 것입니다. 또한 우리 열조도 알지 못하던 만나, 즉 율법을 주신 것은 하나님의 백성들은 육신의 양식으로 사는 것이 아니라 영의 양식인 여호와 하나님의 입에서 나오는 말씀으로 살수 있다는 것을 알게 하려는 것입니다.

하나님의 백성들이 먹어야 할 일용할 양식은 모두 동일한 것이 아니라 애굽의 기독교인들이 먹는 양식과 광야에서 훈련받고 있는 종들이 먹는 양식과 가나안에 들어간 아들들이 먹는 양식이 각기 다릅니다. 오늘날 기독교인들은 식사 때마다 오늘날 일용할 양식을 주신 하나님께 감사를 하고 있습니다. 그러나 예수님께서 그의 제자들에게 가르쳐주신 일용할 양식은 밥이 아니라 영의 양식인 하나님의 말씀을 말하고 있습니다. 이렇게 아직 애굽에 머물면서 신앙생활을 하고 있는 기독교인들의 일용할 양식은 먹는 밥이 아니라 유교병, 즉 하나님의 말씀을 가감하여 만든 각종 교리를 말하며 출애굽을 하여 광야에 나온 종들의 일용할 양식은 무교병(율법), 즉 하나님께서 주시는 명령과 규례입니다. 그리고 광야에서 훈련을 모두 마치고 가나안 땅에 들어간 자들의 일용할 양식은 하늘에서 내려온 산 떡, 즉 예수님의 입에서 나오는 생명의 말씀입니다.

이렇게 오늘날 애굽교회에서 먹고 있는 양식은 주일날

목사님들이 하나님의 말씀을 가감하여 만들어 전하는 말씀입니다. 그런데 이렇게 말씀을 가감하면 누룩 섞인 유교병이 되는데 이런 말씀을 썩을 양식이라 말하는 것입니다. 문제는 하나님의 백성들이 이렇게 누룩 섞인 말씀을 날마다 먹으면 결국 부패하여 멸망하게 된다는 것입니다. 그러므로 하나님께서는 정확무오한 하나님의 말씀을 조금도 가감하지 말라고 명하시는 것입니다. 그런데 이러한 말씀을 망각하고 하나님의 말씀을 가감하면 오염되어 비진리가 되는 것이며 그것이 바로 다른 하나님이 되는 것입니다. 이렇게 오늘날 기독교인들의 일용할 양식은 가감된 비 진리입니다. 그러므로 하나님께서 일 계명을 통하여 하나님의 백성들에게 다른 하나님을 있게 말라는 말씀은 가감된 말씀을 소유하지 말라는 뜻입니다.

오늘날 기독교회가 하나님의 계명과 율법을 폐하여 버린 이유는 교인들이 율법을 모두 지킬 수가 없고 또한 율법으로는 의롭게(하나님의 아들) 될 수 없다는 것 때문입니다. 때문에 오늘날 삯군목자들이 율법을 모두 폐하고 궁여지책으로 이신칭의 교리를 만들어 놓은 것입니다. 그러면 하나님께서 무엇 때문에 이렇게 무거운 짐을 하나님의 백성들에게 주셨을까요? 그 이유는 애굽에서 교리로 쌓인 교만과 기복신앙으로 굳어진 애굽의 존재들은 광야의 율법을 통한 시험과 연단, 즉 광야의 뜨거운 불로 녹이고 태우지 않으면 없어지지 않기 때문입니다. 이렇게 애굽의 기복신앙과 교리로 의식화된 존재들은 광야에서 모두 죽지 않으면 절대로 가나안 땅에 들어가 하나님의 아들로 거듭날 수가 없는 것입니다.

그러므로 하나님의 백성들이 천국을 들어가려면 어느 시대 어느 누구나 예외 없이 반드시 율법을 지키며 광야의 길을 통과해야 하는 것입니다. 그런데 율법을 지키려면 먼저 하나님께서 하나님의 백성들에게 지키라고 주신 십계명의 영적인 뜻을 알아야 합니다. 왜냐하면 십계명이 곧 율법이요 율법이 곧 십계명이기 때문입니다. 이 말은 십계명을 지키지 않고는 율법으로 나아갈 수 없고 율법을 지키지 않고는 은혜와 진리로 나아갈 수 없다는 것입니다.

하나님께서 만들어 놓으신 이 길이 바로 주님께서 말씀하신 좁고 협착한 생명의 길입니다. 주님께서 네가 나를 따라 오려거든 너를 부인하고 네 십자가를 지고 오라는 생명의 길이 바로 출애굽을 하여 광야를 거쳐 가나안으로 들어가는 좁고 협착한 길입니다. 그런데 이렇게 하나님이나 예수님께서 말씀하시는 생명의 좁은 길을 외면하고 예수를 믿기만 하여 천국을 쉽게 들어가려는 자들은 절도요 강도라고 말씀하는 것입니다.

그러므로 하나님의 백성들이 진정한 천국을 들어가려면 하루속히 넓고 평탄한 멸망의 길에서 벗어나 좁고 협착한 생명의 길로 나아가야 합니다. 그 길은 바로 하나님이 제시하고 계신 애굽과 광야를 거쳐 가나안으로 들어가는 길이요, 교리신앙에서 벗어나 십계명과 율법을 통해 진리로 나아가는 길입니다. 이러한 과정을 통하여 하나님의 아들로 실제 거듭난 자들이 바로 하나님이 계신 천국으로 들어가는 것입니다.

그러므로 오늘날 기독교인들도 하나님의 생명으로 거듭나 천국으로 들어가려면 하루속히 다른 하나님, 즉 교리와 기복의 하나님을 벗어버리고 율법과 모세가 계신 광야로 나아 가야합니다. 그리고 힘이 들고 어려워도 믿음의 조상들이 걸어가신 길, 즉 예수님과 사도들이 고난의 십자가를 지고 걸어가신 길을 따라서 묵묵히 걸어가야 합니다.

# 십계명의 제2계명

너를 위하여 새긴 우상을 만들지 말고
또 위로 하늘에 있는 것이나 아래로 땅에 있는 것이나
땅아래 물속에 있는 것의 아무 형상이든지 만들지 말며
그것들에게 절하지 말며 그것들을 섬기지 말라.
나 여호와 너의 하나님은 질투하는 하나님인즉
나를 미워하는 자의 죄를 갚되
아비로부터 아들에게로 삼 사대까지 이르게 하거니와
나를 사랑하고 내 계명을 지키는 자에게는
천대까지 은혜를 베푸느니라.

제 2계명: 너를 위하여 새긴 우상을 만들지 말고 또 위로 하늘에 있는 것이나 아래로 땅에 있는 것이나 땅아래 물속에 있는 것의 아무 형상이든지 만 들지 말며 그것들에게 절하지 말며 그것들을 섬기지 말라.나 여호와 너의 하나님은 질투하 는 하나님인 즉 나를 미워하는 자의 죄를 갚되 아비로부터 아들에게로 삼 사대까지 이르게 하거니와 나를 사랑하고 내 계명을 지키는 자에게는 천대까지 은혜를 베푸느니라.

제 2계명은 너를 위하여 우상을 만들지 말고 또 위로 하늘에 있는 것이나 아래로 땅에 있는 것이나 땅 아래 물속에 있는 것의 아무 형상이든지 만들지 말며 그것들에게 절하지 말며 그것들을 섬기지 말라는 하나님의 명령입니다. 구약성경에 기록된 이스라엘백성들을 살펴보면 이들이 하나님을 믿고 신앙생활을 열심히 하였음에도 불구하고 안식의 땅에 들어가지 못하고 멸망당하게 된 것은 하나님의 말씀에 불순종한 것과 우상 하나님을 만들어 섬겼기 때문입니다. 일반적으로 우상숭배란 사람들이 신앙의 대상으로 목석이나 금속으로 만들어 놓은 각종 형상들을 신처럼 모셔 놓고 하나님과 같이 믿고 섬기는 것을 말합니다.

그러나 하나님께서는 외적으로 나타난 우상보다 사람내면에 자리 잡고 있는 하나님, 즉 교리와 기복으로 의식화된 고정관념들을 우상이라 말하고 있습니다. 즉 신학교나 교회에서 신학적이나 교리적으로 가르침을 받아 머릿속에 인식된 신(하나님)관, 교회관, 구원관, 천국관등을 말하고 있습니다. 이렇게 사람으로부터 가르침을 받아 가지고 있는 교리나 신지식 들은 하나님의 말씀과 다르기 때문에 하나님의 아들이 전하는 영적인 말씀을 판단하고 정죄하는 것입니다.

성경에는 하나님과 교회와 구원의 과정과 천국 등에 대해서 자세하고도 분명하게 보여주고 가르치고 있기 때문에 하나님의 말씀 외에는 그 어떤 교리나 신학문을 만들거나 교인들에게 가르치면 절대로 안 되는 것입니다. 왜냐하면 하나님께서 하나님의 말씀은 일점일획이라도 더하거나 빼거나 하지 말라고 엄히 명하고 있기 때문입니다. 그럼에도 불구하고 하나님의 백성들은 외적으로 각종 하나님의 형상을 만들어 믿고 섬기는 것은 물론 하나님의 말씀을 가감하여 각종교리를 만들고 신학문을 만들어 교인들을 가르쳐 다른 하나님으로 의식화시키고 있는 것입니다.

그러므로 하나님은 2계명을 통해서 너를 위하여 어떠한

우상이나 형상도 만들지 말고 만든 우상에 절하거나 섬기거나 하지 말라고 엄히 명하시는 것입니다. 오늘날 기독교인들은 하나님은 창조주이시며 우리 인간들은 피조물들이라는 것을 망각해서는 안 됩니다. 때문에 하나님이 인간을 만드시는 것이지 인간이 하나님을 만들어서는 절대로 안 됩니다. 그런데 출애굽하여 광야로 나온 이스라엘 백성들이 모세가 잠시 자리를 비운 동안에 그들이 소지하고 있던 금속들을 모두 모아서 애굽에서 섬기던 하나님, 즉 금송아지를 만든 것입니다. 이들이 광야에서 만든 금송아지가 바로 이스라엘 백성들이 자기 욕심을 채우기 위해 애굽에서 믿고 섬겼던 기복의 하나님입니다.

그러면 이스라엘 백성들이 소지하고 있던 금은 무엇이며 그들이 만든 금송아지의 실체는 과연 무엇일까요? 애굽에서 가지고 나온 금은 유교병, 즉 가감된 말씀이요, 금으로 만든 금송아지는 애굽에서 믿고 섬겼던 교리와 유전을 말하고 있습니다. 즉 이스라엘 백성들이 애굽에서 믿고 섬겼던 하나님은 진리와 생명의 하나님이 아니라 그들의 기복을 위해 만들어 놓은 각종교리라는 것을 비유로 말하고 있는 것입니다. 이스라엘의 백성들과 그의 후손들은 그 후에도 끊임없이 수많은 형상의 신상들을 만들어 섬겼으며 하나님께서는 이런 자들을 계속하여 멸하신 것을 볼 수 있습니다. 이들은 진리와 생명의 하나님을 전적으로 불신하고 믿지 않은 것이 아니라 하나님을 믿고 섬기면서도 또 다른 교리와 기복의 하나님을 겸하여 섬긴 것입니다. 하나님께서는 다른 죄는 용서하실 수 있으나 우상을 만들어 섬기고 있는 자들의 죄는 절대로 용서하지 않는다는 것을 알아야 합니다.

[신명기 8장 19절-20절] 네가 만일 네 하나님 여호와를 잊어버리고 다른 신들을 좇아 그들을 섬기며 그들에게 절하면 내가 너희에게 증거하노니 너희가 정녕히 멸망할 것이라. 여호와께서 너희의 앞에서 멸망시키신 민족들 같이 너희도 멸망하리니 이는 너희가 너희 하나님 여호와의 소리를 청종치 아니함이니라.

상기의 말씀은 하나님께서 하나님의 백성들에게 여호와 하나님을 잊어버리고 다른 신들을 섬기면 반드시 멸망할 것이라는 경고의 말씀입니다. 하나님의 백성들이 하나님을 잊어버리고 다른 하나님을 섬기는 이유는 여호와 하나님의 소리, 즉 하나님의 말씀을 청종하지 않기 때문이라는 말입니다. 이 말은 하나님의 말씀을 청종하지 않으면 말씀을 잊어버리게 되고, 말씀을 잊어버리면 다른 말씀에 미혹되어 다른 하나님을 섬길 수밖에 없다는 뜻입니다. 이와 같이 오늘날 하나님의 백성들도 하나님의 말씀에 귀를 기울이지 않으면 거짓선지자들과 삯군목자들의 미혹에 빠질 수밖에 없고 그들이 전하는 가감된 비진리를 하나님의 말씀으로 믿고 따르게 되는 것입니다.

그러면 하나님으로부터 반드시 징계를 받게 되고 결국 멸망을 당하여 지옥으로 들어가게 되는 것입니다. 그러므로 제 2계명에 너는 너를 위해 우상을 만들지 말라는 계명을 좀더 구체적으로 살펴보기로 하겠습니다.

### 1) 너는 너를 위하여 새긴 우상을 만들지 말라

하나님께서 제 2계명을 통하여 말씀하고 계신 첫 소절은 "너를 위하여 새긴 우상을 만들지 말라"는 것입니다. 하나님께서 우상을 만들지 말라고 명하시는 이유는 하나님의 백성들이 예전이나 지금이나 우상을 만들고 있기 때문입니다. 그런데 오늘날 기독교인들은 지금까지 우상을 만든 일은 물론 우상을 섬긴 적도 없기 때문에 이 계명과는 전혀 관계가 없다고 생각하고 있습니다. 왜냐하면 오늘날 기독교인들이 생각하는 우상은 외적으로 형상화된 것만을 우상이라 알고 있으며, 자기 안에 모시고 있는 우상들은 전혀 모르고 있기 때문입니다. 즉 기독교인들이 알고 있는 우상은 사람의 손으로 만든 예수님이나 마리아의 형상 혹은 십자가의 형상이나 각종 성물 정도로 알고 있다는 것입니다. 그러나 하나님께서 말씀하시는 우상은 외적으로 나타난 형상은 물론 각종교리에 의해서 교인들의 머릿속에 의식화된 신앙의 고정관념들을 말하고 있습니다. 예를 들면 기독교의 교리나 유전을 통해서 머릿속에 가지고 있는 다른 예수, 다른 복음, 다른 영들을 말합니다.(고린도 후서 11장 4절 이하)

이러한 우상들은 모두 자신을 위해서 혹은 자기 교회와 교단과 교파의 유익을 위해서 만든 것들입니다. 그러나 하나님의 말씀 이외에는 절대로 어떠한 교리나 유전이나 교회의 법 등을 만들면 안 되며 또한 사람들이 만들어 놓은 이러한 교리들을 믿고 따르거나 지켜서는 안 된다는 것입니다.

그러므로 하나님께서 제 2계명을 통하여 너를 위하여 새긴 우상을 만들지 말라는 말씀의 영적인 의미를 분명하게 알아야 합니다.

[레위기 26장 1절] 너희는 자기를 위하여 우상을 만들지 말찌니 목상이나 주상을 세우지 말며 너희 땅에 조각한 석상을 세우고 그에게 경배하지 말라. 나는 너희 하나님 여호와임이니라.

하나님께서 사람들이 자신을 위해서 만들어 섬기는 것들은 외적이든 내적이든 모두 우상이라고 말씀하고 있습니다. 하나님의 백성들이 하나님을 믿으면서도 또 다른 우상을 만드는 것은 자신 안에 자리 잡고 있는 욕심 때문입니다. 왜냐하면 대부분의 사람들이 처음에 신앙생활을 하는 동기가 진리나 생명을 찾기 위한 것이 아니라 세상에서 채워지지 않는 욕심을 하나님을 통해서 채우려고 시작하기 때문입니다. 그러므로 진리의 하나님을 믿으면서도 또 다른 하나님, 즉 자신의 욕심을 채워주는 기복의 하나님을 만들어 섬기고 있는 것입니다.

이렇게 하나님의 백성들이 신앙생활을 하면서 나무나 주물로 예수님의 형상이나 마리아의 형상을 만들어 놓고 경배하는 것은 모두 육신의 복을 받기 위한 욕심 때문입니다.

그런데 기독교인들이 이제는 십자가를 수호신처럼 목에 걸고 다니며 심지어 주기도문을 소원성취 하기위해 혹은 악귀를 쫓아내는 주문처럼 외우고 있는 사람도 있습니다. 이런 것들이 모두 자신을 위해 만들어 섬기는 우상들입니다.

[예레미야 11장 13절–15절] 유다야 네 신들이 네 성읍의 수효와 같도다. 너희가 예루살렘 거리의 수효대로 그 수치되는 물건의 단 곧 바알에게 분향하는 단을 쌓았도다. 그러므로 너는 이 백성을 위하여 기도하지 말라. 그들을 위하여 부르짖거나 구하지 말라. 그들이 그 곤액을 인하여 내게 부르짖을 때에 내가 그들을 듣지 아니하리라. 나의 사랑하는 자가 많이 행음하였으므로 거룩한 제육이 그에게서 떠났거늘 나의 집에서 무엇을 하는고 그가 악을 행하며 기뻐하도다.

하나님은 유다에게 네가 섬기는 신들이 네 성읍의 수와 같다고 말씀하고 있습니다. 하나님께서 말씀하고 있는 유다는 하나님의 백성인 이스라엘 중에서도 가장 믿음이 신실한 자들을 말하며 유다가 섬기는 신들은 곧 하나님들을 말하고 있습니다. 왜냐하면 신들이라는 단어가 원문에 엘로힘, 곧 하나님들로 기록되어 있기 때문입니다. 그러므로 유다가 섬기는 하나님은 다른 하나님들이며 그것은 성읍의 수와 같다는 것입니다. 그런데 성읍은 오늘날 기독교회를 비유하여 말하고 있습니다.

오늘날 기독교인들은 이러한 말씀은 도저히 이해할 수가 없기 때문에 이런 말씀은 보아도 못 본척하고 도외시 하고 있습니다. 그런데 하나님은 유다는 물론 오늘날 기독교인들에게도 동일하게 말씀하시는 것입니다. 왜냐하면 오늘날 기독교회의 하나님도 천주교와 개신교의 하나님이 다르고 개신교회에서도 장로교와 감리교회가 다르며 침례교회와 성결교회가 다르고 교파나 교회마다 조금씩 다르기 때문입니다. 하나님이 다르다는 것은 곧 교파나 교회마다 교인들에게 가르치는 교리, 즉 신관이나 교회관이나 구원관이나 천국관이 조금씩 다르기 때문입니다.

왜냐하면 말씀이 곧 하나님이기 때문에 말씀이 다르다는 것은 곧 하나님이 다르다는 것입니다. 하나님께서는 이렇게 사람들이 만들어 놓은 각종 교리와 유전들을 다른 하나님, 곧 마귀나 귀신 또는 바알이라 말씀하고 있습니다. 이어서 하나님은 너희가 예루살렘 거리의 수효대로 바알에게 분향하는 수치스런 단을 쌓았다고 말씀하시는 것입니다. 즉 하나님께 제사 드리는 제단을 쌓은 것이 아니라 다른 하나님 곧 바알에게 제사를 드리기 위해 단을 쌓은 것이라는 뜻입니다. 그러므로 예레미야 선지자에게 너는 이 백성을 위하여 기도하지 말고 그들을 위하여 부르짖거나 구하지도 말라고 말씀하시는 것입니다. 왜냐하면 그들이 그 곤액을 인하여 내게 부르짖을 때에 내가 그들의 기도를 듣지 않기 때문이라는 것입니다.

이어서 하나님은 나의 사랑하는 자가 많이 행음하였고 거룩한 제물이 그곳에서 모두 떠났으니 나의 집에서 무엇을 하겠느냐고 말씀하시면서 그들은 그것도 모르고 악을 행하면서 기뻐하고 있다고 한탄하고 계시는 것입니다. 그럼에도 불구하고 하나님의 교회들 특히 천주교회에서는 신상들을 서로 경쟁이라도 하듯이 만들어 교회를 화려하게 치장하고 있는 것입니다. 이렇게 교회 안에 각종형상들을 만들어 화려하게 치장을 하는 것은 자기 종교나 교파 그리고 자기 교회의 권위와 우월성을 과시하여 교인들을 미혹하려는 것입니다. 이러한 현상은 천주교회뿐만 아니라 불교나 타종교에서도 흔히 볼 수 있는 것입니다. 이렇게 사람들이 웅장하고 화려하게 꾸며놓은 신상 앞에 모두 굴복하고 그 신상을 향해 절을 하거나 기도를 하는 것입니다.

그런데 이상한 것은 기독교인들이 타종교인들이 만들어

놓은 각종 모양과 형상들을 모두 우상이라 비방하면서 하나님의 백성들이 만들어 놓은 각종 형상들, 즉 예수님의 형상이나 마리아의 형상 혹은 사도들의 형상이나 십자가의 형상들은 전혀 우상으로 생각조차 하지 않고 있다는 것입니다. 그러나 하나님께서 십계명을 통해서 "새긴 우상을 만들지 말라"고 명하시는 대상은 이방인들이나 이교도가 아니라 분명히 하나님을 믿고 섬기고 있는 하나님의 백성들이라는 것입니다.

기독교인들은 불교의 사찰들 안에 있는 각종 부처님의 형상을 바라보며 불교는 우상종교라 비방을 하면서도 천주교 성당 안에 있는 수많은 신상들과 성화들은 침묵하고 있습니다. 특히 바티칸에 있는 베드로 성당이나 밀라노의 두어모 성당에 웅장하고 화려하게 장식되어 있는 수천 개의 각종 신상과 형상들을 바라보며 오히려 경탄을 금치 못하고 있습니다. 이렇게 유럽의 역사는 천주교의 역사라고 할 만큼 유럽의 교회들은 어느 곳을 가보나 모두 각종신상들로 화려하게 장식되어 있습니다. 그런데 하나님은 위 말씀을 통해서 이렇게 사람들이 만든 성전과 신상들은 하나님을 위해 분향하려는 것이 아니라 바알에게 분향하기 위해 만든 것이라고 충격적인 말씀을 하고 계십니다. 이렇게 하나님을 믿는 하나님의 백성들이 하나님의 계명을 범하면서도 계속해서 신상들을 만드는 것은 행음, 즉 영적인 간음을 하고 있는 것입니다. 그러므로 이사야 선지자는 이러한 신상들을 바라보면서 지금도 하나님을 향하여 이렇게 기도하고 있는 것입니다.

[이사야 2장 8절-9절] 그 땅에는 우상도 가득하므로 그들이 자기 손으로 짓고 자기 손가락으로 만든 것을 공경하여 천한 자도 절하며 귀한 자도 굴복하오니 그들을 용서하지 마옵소서.

이사야 선지자는 우상이 가득한 땅을 바라보며 그들은 자기 손으로 짓고 손가락으로 만든 신상들을 향해 천한 자도 절하고 귀한 자도 그 앞에 굴복하고 절을 하니 이들을 용서하지 말라고 기도하고 있는 것입니다. 그런데 이러한 말씀을 날마다 보고 신앙생활을 하는 천주교회들은 조금도 주저하지 않고 지금도 사람들이 성당 안에 만들어 놓은 마리아나 예수님의 형상에게 절을 하며 섬기고 있습니다. 왜 그럴까요? 그 해답은 천주교의 교리에서 찾을 수가 있는데 천주교회에서는 이러한 형상을 만들고 만든 형상을 섬기며 절하기 위해서 2계명, 즉 너를 위하여 우상을 만들지 말고 그것들에게 절하지 말라는 계명을 교리에서 삭제해 버린 것입니다.

하나님께서 하나님의 말씀은 일점일획이라도 가감하지 말라고 엄히 명하심에도 불구하고 천주교회는 십계명의 제2계명을 통째로 빼어버리고 별도로 천주교의 계명인 십계를 만든 것입니다. 왜냐하면 천주교회의 신부나 교황은 예수님이나 하나님보다 더 높고 위대하시거나 천주교인들이 믿고 섬기는 하나님은 성경적 하나님이 아니라 우상하나님이기 때문입니다. 그러므로 천주교에서는 지금도 신상이나 형상들을 정당히 만들 수 있고 만들어 놓은 형상에게 자유롭게 절도 할 수 있는 것입니다. 그러면 천주교에서 교리로 만든 천주 십계와 하나님께서 하나님의 백성들에게 주신 십계명을 살펴보기로 하겠습니다.

천주 십계 (천주교 교리집의 십계명)

1. 하나이신 천주를 흠숭하라.
2. 천주의 이름을 헛되이 부르지 말라
3. 주일을 거룩히 지내라.
4. 부모에게 효도하라.

5. 사람을 죽이지 말라.

6. 간음 하지 말라.

7. 도둑질을 하지 말라.

8. 거짓증언을 하지 말라.

9. 남의 아내를 탐내지 말라.

10. 남의 재물을 탐내지 말라.

하나님의 십계명 (성경에 기록되어 있는  하나님의 계명)

1. 너는 나 외에 다른 신들을 네게 있게 말지니라.

2. 너를 위하여 새긴 우상을 만들지 말고 또 위로 하늘에 있는 것이나 아래로 땅에 있는 것이나 땅 아래 물 속 에 있는 것의 아무 형상이든지 만들지 말며 그것들에 게 절하지 말며 그것들을 섬기지 말라.

3. 너는 너의 하나님 여호와의 이름을 망령되이 일컫지 말라.

4. 안식일을 기억하여 거룩히 지키라.

5. 네 부모를 공경하라.

6. 살인하지 말지니라.

7. 간음하지 말지니라.

8. 도적질하지 말지니라.

9. 네 이웃에 대하여 거짓증거하지 말지니라.

10. 네 이웃의 집을 탐내지 말지니라. 네 이웃의 아내나
   그의 남종이나 그의 여종이나 그의 소나 그의 나귀나
   무릇 네 이웃의 소유를 탐내지 말지니라.


천주교의 절대 권위는 하나님이 아니라 교황입니다. 그러므로 천주교인들은 교황이 명하는 모든 말씀과 그가 제정한 교리들은 곧 하나님의 법이라 믿고 있는 것입니다. 천주교에서 사제들을 신부라 칭하는데 신부라는 말은 신의 아버지라는 뜻입니다. 이렇게 천주교인들은 교황이나 신부님을 하나님과 같이 섬기며 신앙생활도 성경을 중심으로 하는 것이 아니라 교황이 정한 교리를 중심으로 하고 있습니다. 그러므로 천주교회는 하나님께서 주신 십계명의 제2계명을 과감히 삭제해버리고 교황에 의해서 십계라는 교리를 만들어 지키고 있는 것입니다. 이것은 예수님께서 말씀하신 바와 같이 하나님의 계명을 사람의 계명으로 바꾸어 지키고 있는 행위입니다. 결국 천주교회는 하나님의 계명이나 성경말씀을 무시하고 교황의 권위로 천주교회의 취향에 맞도록 마음대로 뜯어고치고 변형하고 있다는 것입니

다.

그러므로 천주교에서는 이렇게 사람들에 의해서 만들어진 형상들을 믿고 섬기며 절도 할 수 있도록 허용하고 있기 때문에 일반 가정에서도 마리아상이나 예수님의 형상을 수호신처럼 모셔놓고 절을 하며 기도를 하고 있는 것입니다. 이와 같이 천주교회의 신은 하나님이 아니라 교황인 것입니다. 이러한 현상들은 개신교에서도 모양이나 규모가 좀 다를 뿐 예수님이나 십자가 형상을 교회 안이나 가정에 모셔놓은 것을 볼 수 있습니다. 특히 기독교인들이나 천주교인들이 몸에 즐겨 지니고 다니는 십자가 모양의 목걸이나 귀걸이 혹은 반지 등도 볼 수 있는데, 이는 십자가를 단순한 악세사리로 하고 다니는 사람도 있지만 그들 중에는 십자가가 악귀들을 물리치고 자신을 보호해주는 수호신과 같은 효력이 있는 것으로 생각하는 사람도 있습니다.

[시편 135편 15절-18절] 열방의 우상은 은금이요 사람의 수공물이라. 입이 있어도 말하지 못하며 눈이 있어도 보지 못하며 귀가 있어도 듣지 못하며 그 입에는 아무 기식도 없나니 그것을 만든 자와 그것을 의지하는 자가 다 그것과 같으리로다.

상기의 말씀에서 열방들이 섬기고 있는 우상은 사람들이 은이나 금을 가지고 손으로 만든 것들이라는 말씀입니다. 그러므로 이러한 신상들은 생명이 없기 때문에 입이 있어도 말을 못하고 귀가 있어도 듣지 못한다는 것입니다. 그런데도 불구하고 사람들이 만들어 놓은 신상 앞에 절을 하며 기도를 하고 있는 것입니다. 그런데 이러한 말 못하는 우상들은 이렇게 사람이 만들어 놓은 형상들뿐만 아니라 신학교나 교회로부터 교리를 통해서 만들어지는 거짓선지자와 삯군 목자들도 있다는 것을 알아야합니다. 오늘날 삯군목자들은 하나님의 기름부음이나 성령의 잉태와 전혀 관계없이 단지 신학의 과정을 마치고 교단으로부터 안수를 받아 목자가 된 자들입니다. 이런 자들은 니고데모와 같이 말씀을 지식적으로는 알고 있으나 하나님의 나라, 즉 영의 세계는 보지 못하는 자들입니다.

　예수님은 이런 자들은 소경된 인도자라고 말씀하시면서 소경이 소경을 인도하면 모두 구덩이에 빠져 죽게 된다고 말씀하시는 것입니다. 이렇게 아직 하나님의 생명으로 거듭나지 못한 삯군목자들이 교회에 앉아서 하나님의 아들노릇을 하고 목자행세를 하고 있는 것입니다. 때문에 이들은 하나님의 말씀을 학문적으로 조금 알고 있을 뿐 계시의 눈,

즉 영안이 없어 하나님의 말씀 속에 감추어진 영적인 비밀이나 예수님께서 비유로 하신 말씀들은 전혀 모르고 있는 것입니다.

이들은 단지 신학교에서 배우고 익힌 학문을 가지고 교단이 만든 교리를 중심으로 목회를 하고 있습니다. 그러므로 이들은 예수님이 앞에 와 있어도 모르고 예수님이 하시는 말씀도 듣지 못하는 것입니다. 예수님은 이런 자들을 향해 이렇게 말씀하고 있습니다.

[마태복음 13장 14절- 17절] 이사야의 예언이 저희에게 이루었으니 일렀으되 너희가 듣기는 들어도 깨닫지 못할 것이요 보기는 보아도 알지 못하리라 이 백성들의 마음이 완악하여져서 그 귀는 듣기에 둔하고 눈은 감았으니 이는 눈으로 보고 귀로 듣고 마음으로 깨달아 돌이켜 내게 고침을 받을까 두려워함이라.

이사야 선지자를 통해서 예언하신 바와 같이 유대인들이나 오늘날 기독교인들이 하나님의 말씀을 듣기는 들어도 깨닫지 못하고 보기는 보아도 알지 못한다는 것입니다. 왜냐하면 이 백성들은 교리로 마음이 완악하고 교만하여져서 듣는 귀가 둔하고 눈은 감고 있기 때문이라는 것입니다. 이들이 하나님의 말씀에 귀를 닫고 눈을 감고 있는 것은 하나님(예수님)의 말씀을 들으면 그동안 신학교나 교회에서 배우고 쌓아 놓은 신학적인 말씀과 교리신앙의 잘못이 모두 거짓으로 드러나게 되어 두렵기 때문입니다. 그러므로 이러한 삯군목자들은 신학이나 교리를 중심하여 하나님의 말씀을 학문적이나 육신적으로 설교를 할 수밖에 없는 것입니다.

교인들이 살고 죽는 것은 목자의 말씀에 달려있습니다. 즉 참 목자가 주는 생명의 말씀을 먹으면 살고 삯군목자들이 학문적으로 전하는 생명이 없는 말씀을 먹으면 죽는다는 것입니다. 그러므로 오늘날 기독교인들은 하나님으로부터 기름부음을 받은 참 목자, 즉 하나님의 생명으로 거듭난 하나님의 아들을 찾아서 생명의 말씀을 듣고 먹어야 하는 것입니다. 그러면 반드시 죄 사함을 받을 수 있고 하나님의 아들로 거듭나서 예수님이나 사도들과 같이 참 목자가 될 것입니다.

2) 위로 하늘에 있는 것이나 아래로 땅에 있는 것이나
땅 아래 물속에 있는 것의 아무 형상이든지 만들지
말며 그것들에게 절하지 말며 그것들을 섬기지 말라.

하나님께서는 위 말씀을 통해서 하늘에 있는 것이나 땅
에 있는 것이나 물 속에 있는 것들의 형상을 만들지 말고
그러한 것들에게 절하지 말고 섬기지 말라고 엄히 명하고
계십니다. 그런데 땅에 있는 형상들은 누구나 잘 알고 있지
만, 하늘에 있는 형상이나 땅 아래 물속에 있는 형상을 아
는 사람은 그리 많지 않다고 생각합니다. 문제는 하나님께
서 하나님의 백성들이 이미 하늘과 땅과 물속에 각종형상
들을 만들어 놓고 그것들을 향해 절하며 섬기고 있기 때문
에 하신 말씀이라는 것입니다. 그러면 하나님의 백성들이
하늘과 물속에 만들어 놓고 섬기고 있는 형상은 과연 어떤
것들을 말씀하시는 것일까요?
하나님께서 말씀하시는 하늘과 땅은 하늘에 속한 존재들
과 땅에 속한 존재들을 비유로 말씀하신 것입니다. 그러므
로 하늘에 있는 것들을 만들어 섬기지 말라는 것은 영적인
존재, 즉 하나님의 형상이나 예수님의 형상 혹은 마리아의
형상이나 사도들의 형상들을 만들지 말고 그것들에게 절을

하거나 섬기지 말라는 것입니다. 그런데 만일 이러한 형상을 만드는 자나 만들어 놓은 형상에 절을 하거나 그것들을 섬긴다면 하나님께서 그 죄를 아비로부터 아들로 이어져 삼사 대까지 갚겠다고 엄히 명하시는 것입니다. 그런데도 불구하고 이러한 하나님의 명령을 도외시하고 이러한 형상들을 만들어 놓고 절을 하거나 그 형상을 바라보고 기도를 하고 있는 것입니다. 그런데 하나님께서 만들지 말라는 형상은 이러한 외적인 형상보다 내적인 형상, 즉 기독교인들이 지금까지 보지 못하고 알지도 못하는 하나님의 형상이나 예수님의 형상 혹은 아직 가보지도 않은 천국을 자기 나름대로 상상하여 머릿속이나 마음속에 모시거나 섬기지 말라는 뜻입니다.

오늘날 기독교인들은 하나님이 어디계시느냐고 물으면 자기 마음속에 계시다고 말하며 또한 예수님은요 하면 예수님도 마음속에 있다고 말합니다. 그러면 천국은 어디 있느냐고 물으면 천국도 자기 마음속에 있다고 말하고 있습니다. 그런데 만일 자신 안에 하나님이 계시고 예수님이 계신다면 자기가 곧 하나님의 아들이며 예수님인데 무엇 때문에 이천년 전에 오셨던 예수를 믿으며 또한 천국이 자기 마음속에 있다면 자신이 곧 천국인데 무엇 때문에 천국을 가려고 하느냐고 물으면 모두 당황하며 답변을 회피하는 것을 볼 수 있습니다. 만일 기독교인들 안에 하나님이 계시면 그가 바로 하나님이요 예수님이 계시면 자신이 바로 예수님이며 천국이 안에 있다면 그가 바로 천국입니다.

이렇듯 하나님이 하나님을 믿고 예수님이 예수를 믿고 천국이 천국을 간다고 믿고 있는 것은 자신 안에 아무것도 없다는 증거입니다. 이렇게 하늘의 형상은 아직 알지도 못하고 보지도 못한 하나님과 예수님 그리고 천국을 들은 말씀으로 상상하여 자신 안에 만들어 놓고 모시고 있는 형상들을 말합니다. 그러면 땅 아래 물 속에 있는 형상들은 과연 어떠한 것들을 말씀하고 계실까요? 이 말씀을 문자 그대로 본다면 땅 아래 물 속에 있는 형상은 강이나 바다 속에 있는 물고기들의 형상을 만들지 말며 또한 만들어 놓은 형상들에게 절하거나 섬기지 말라고 생각할 수 있습니다. 그런데 물속의 형상들은 바다 속에 있는 물고기나 고래와 같은 형상들을 만들어 그것들에게 절하거나 섬기지 말라는 뜻이 아닙니다. 왜냐하면 물고기 형상을 만들어 놓고 그것에게 절하거나 그런 것들을 섬기는 사람들은 없기 때문입니다.

이렇게 성경에 기록된 말씀은 밭에 감추어 놓은 보화와

같이 모두가 비유와 비사로 되어 있기 때문에 그 참뜻을 알기란 그리 쉽지가 않은 것입니다. 왜냐하면 하나님은 물론 예수님께서도 말씀하실 때 항상 비유와 비사로 말씀하셨기 때문입니다. 이렇게 하나님께서 십계명에서 말씀하신 물도 하나님의 말씀을 영적인 비유로 말씀하고 있다는 것을 알아야 합니다. 물은 요한복음 4장에서 예수님과 수가성 우물가 여인과의 대화에서 잘 보여주듯이 물은 하나님의 말씀을 비유한 것이며 생수는 예수님의 입에서 나오는 생명의 말씀을 비유하여 말씀하고 있는 것입니다.

[요한복음 4장 13절-14절] 예수께서 대답하여 가라사대 이물을 먹는 자마다 다시 목마르려니와 내가 주는 물을 먹는 자는 영원히 목마르지 아니하리니 나의 주는 물은 그 속에서 영생하도록 솟아나는 샘물이 되리라.

상기의 말씀은 야곱의 우물에 물 길러 나온 수가성의 여인과 예수님이 만나서 나누는 대화입니다. 그런데 예수님께서 주시는 영원히 목마르지 않는 물은 어떠한 물이며 이런 물이 과연 존재하고 있을까하는 의구심이 들것이라 생각됩니다. 문제는 이 세상에 존재하는 물은 아무리 좋은 물이라 해도 영원히 목마르지 않는 물은 없었으며 또한 이런 물이 있다고 믿는 사람도 없다는 것입니다. 그렇다면 예수님께서 말씀하신 물은 먹는 물이 아니라 예수님의 입에서 나오는 생명의 말씀을 비유로 말씀하셨다는 것을 알아야 합니다. 즉 아직 거듭나지 못한 목자의 입에서 나오는 말씀은 물이고 거듭난 자의 입에서 나오는 말씀은 생수라는 뜻입니다.

이와 같이 성경에서 말씀하고 있는 물은 우리가 먹고 마시는 물이 아니라 하나님의 말씀을 비유로 표현하고 있습니다. 그러므로 기독교인들이 세례식이나 침례식에 사용하는 물로는 죄를 깨끗이 씻을 수가 없는 것입니다. 이렇게 세례의식에 물로 하는 세례들은 표면적인 할례이며 생명의 말씀으로 하는 이면적 할례가 진정한 할례입니다.

왜냐하면 죄를 씻을 수 있는 것은 물이 아니라 하나님의 말씀이기 때문입니다. 성경을 통해 말씀하고 계신 영적인 할례나 세례는 하나님의 말씀으로 우리 내면에 들어있는 죄성을 깨끗하게 씻는 것을 말하는 것이며 또한 말씀을 통해서 옛 사람이 죽고 말씀과 함께 다시 사는 것을 말씀하고 있습니다.

[로마서 2장 28절-29절] 대저 표면적 유대인이 유대인이 아니요 표면적 육신의 할례가 할례가 아니라 오직 이면적 유대인이 유대인이며 할례는 마음에 할지니 신령에 있고 의문에 있지 아니한 것이라.

상기와 같이 교회에서 목사님들이 물로 세례를 주는 것은 표면적인 할례이며 이면적 할례는 하나님의 말씀으로 더러워진 마음의 죄를 깨끗이 씻는 것을 말합니다. 이와 같이 성경에서 말씀하고 있는 물의 영적인 의미는 하나님의 모든 말씀을 가리키는 것으로서 물 속에 있는 것들이란 곧 하나님의 말씀 속에 있는 모든 것들이라는 말입니다. 그러므로 하나님께서 물속에 있는 것들로 형상을 만들지 말라는 말씀의 뜻은 사람들이 하나님의 말씀을 가지고 함부로 가감하여 교리나 법을 만들지 말라는 것입니다.

이렇게 오늘날 기독교인들은 외적으로 나타나있는 형상들은 우상이라고 말하지만 물 속에 있는 것들, 즉 하나님의 말씀으로 만들어낸 각종 교리와 교회의 법과 전통적으로 내려오는 유전들이 우상이라는 것은 전혀 모르고 있는 것입니다. 결국 하나님의 백성들이 물 속에 만들어 놓고 섬기는 우상들은 바로 하나님의 말씀을 인용하여 만들어낸 각종 교리와 교회의 법 그리고 지금까지 전통적으로 이어오고 있는 유전들을 말하고 있는 것입니다. 그런데 가장 심각한 문제는 오늘날 목회자들이 하나님의 말씀을 가감하여 만들어 내는 설교들이 교인들의 머릿속에 각종 하나님의 형상을 만들고 있다는 것을 전혀 모르고 있는 것입니다.

오늘날 기독교인들은 삯군목자들로부터 누룩 섞인 말씀, 즉 가감된 말씀을 받아서 머리나 마음속에 각종 하나님의 형상을 만들어 놓고 그 형상들을 하나님처럼 섬기고 있는 것입니다. 예수님 당시에 유대인들이 예수님과 사도들을 믿지 않고 배척한 것은 유대인들 안에 다른 하나님과 다른 메시야, 즉 다른 예수가 자리 잡고 있었기 때문입니다. 이렇게 오늘날 기독교인들도 삯군목자들로부터 잘못된 말씀을 받아 형성된 다른 하나님이 머릿속에 인식되어 있기 때문에 오늘날 하나님께서 구원자로 보내주시는 하나님의 아들을 모르고 오히려 다른 예수라고 배척을 하고 있는 것입니다. 그러므로 예수님께서 이 세상에 거짓선지자들이 많이 나왔으니 주의하라고 말씀하신 것입니다. 오늘날 이러한 거짓 목자와 삯군목자들은 지금도 먹고 마시는 것과 절기나 월삭이나 안식을 가지고 교인들을 폄론 하고 있습니다. 그러나 이렇게 삯군목자들이 전하는 말씀은 유전과 세

상의 초등학문을 좇는 것이며 그리스도를 좇는 것이 아니
라고 말씀하고 있습니다.

오늘날 기독교회들은 교인들이 제사음식이나 혹은 술이
나 담배 먹는 것을 엄히 금하고 있습니다. 그리고 각종 절
기, 즉 성탄절 부활절 추수감사절 그리고 안식일을 지키면
서 이러한 것들을 지키지 않으면 신앙이 잘못되었거나 이
단자로 취급하고 있습니다. 그러나 이렇게 먹고 마시는 것
이나 각종 절기나 안식일을 가지고 판단하거나 정죄하지
못하게 하라고 말씀하고 있습니다. 왜냐하면 이러한 것들
은 장차 너희 안에 나타날 그리스도(하나님 생명)의 모형과
그림자일 뿐이며 실체가 아니기 때문이라는 것입니다. 그
런데 너희를 폄론하지 못하게 하라에서 "너희는" 애굽교회
나 광야교회에 머물고 있는 자들이 아니라 요단강을 건너
은혜와 진리가 있는 가나안땅을 향해 가는 자들을 말하고

있습니다. 이렇게 진리를 따라 생명의 길을 가는 자들은 이러한 폄론에 흔들리지 말고 하나님의 말씀으로 자신 안에 그리스도의 생명이 나타날 때 까지 열심히 정진하라는 뜻입니다.

[골로새서 2장 20-22절] 너희가 세상의 초등 학문에서 그리스도와 함께 죽었거든 어찌하여 세상에 사는 것과 같이 의문에 순종하느냐 곧 붙잡지도 말고 맛보지도 말고 만지지도 말라 하는 것이니 이 모든 것은 쓰는 대로 부패에 돌아가리라. (어찌하여) 사람의 명과 가르침을 좇느냐.

상기의 말씀은 애굽교회의 교리신앙과 광야의 율법신앙을 마치고 가나안 땅에 이른 자들에게 하시는 말씀입니다. 왜냐하면 이들은 이미 애굽의 교리신앙과 광야의 율법신앙에서 그리스도와 함께 죽은 자들임에도 불구하고 다시 의문(율법), 즉 먹고 마시는 것 그리고 각종절기와 안식일을 지키고 있기 때문입니다. 그러므로 진리를 따라 생명의 길을 가고 있는 너희가 이러한 교리나 율법에 순종하는 것은 개가 토한 것을 다시 먹은 것과 같으니 다시는 붙잡지도 말고 맛보지도 말고 만지지도 말라는 것입니다. 왜냐하면 이 모든 것은 하나님의 가르침이 아니라 사람의 명과 가르침으로 쓰는 대로 부패하기 때문이라는 것입니다. 이와 같이 생명의 좁은 길을 가고 있는 하나님의 백성들이 먹을 양식은 오직 생명의 말씀, 즉 하나님께서 보내주신 참 목자가 주는 산 떡입니다. 그런데 거짓선지자와 삯군목자들은 하나님의 말씀을 가감하여 보기에 아름답고 먹기도 좋은 양식을 만들어 생명의 좁은 길을 가고 있는 자들도 미혹하여 멸망으로 인도하는 것입니다. 하나님은 이렇게 거짓 목자와 삯군목자들이 요리하여 만들어 내는 비진리가 바로 교인들에게 인식되고 의식화되기 때문에 땅 아래 물속에 있는 형상들을 만들지 말고 절하지 말라고 명하시는 것입니다.

이와 같이 하나님께서는 하늘에 있는 것이나 땅에 있는 것이나 땅 아래 물속에 있는 형상을 만들지 말고 그것들에게 절하지 말고 그것들을 섬기지 말라고 엄히 명하고 계시는 것입니다. 그런데도 불구하고 목회자들은 날이 갈수록 말씀을 가감하여 외,내적인 각종 교리와 교회법을 만들어 교인들에게 다른 하나님을 의식화시키고 있는 것입니다. 오늘날 기독교인들은 흔히 하나님을 우리의 아버지 혹은 나의 아버지라고 부르며 예수님은 내 친구라 말하고 있습니다. 왜냐하면 지금까지 거짓목자나 삯군목자들에게 그렇게 듣고 배워서 머릿속에 고정관념으로 자리 잡고 있기 때문입니다.

이렇게 교인들 머릿속에 의식화되어 있는 우리 아버지와 친구인 예수가 바로 하늘에 만들어 놓은 우상의 실체들입니다. 하나님을 아버지라 부를 수 있는 자는 하나님으로부터 낳음을 받은 예수님 그리고 예수님으로부터 거듭난 사도들입니다. 이렇게 아직 하나님의 아들로 거듭나지 못한 종이나 죄인들은 절대로 하나님을 나의 아버지라 함부로 망령되이 부르면 안 되는 것입니다. 왜냐하면 하나님은 주인이시고 종은 일하는 일꾼이나 머슴에 불과 하기 때문입니다. 그런데 종들이나 죄인의 신분으로 하나님을 아버지로 착각하면서 하나님을 아버지로 모시고 신앙생활을 하고 있다면, 그 아버지가 바로 너를 위하여 만든 다른 하나님이며 그것이 바로 마음속에 자리 잡고 있는 우상이라는 것입니다.

또한 기독교인들은 아직 신부의 자격도 없으면서 예수님을 자기 신랑이나 남편처럼 혹은 마치 자기 친구처럼 생각하고 마음속에 모시고 신앙생활을 하고 있습니다. 그러나 예수님의 신부는 기름 준비를 모두 마친 자로 신부 단장을 하고 세마포를 준비한 정결한 처녀만이 진정한 신부의 자격이 있는 것입니다. 그런데 아직 죄인이요 부정한 몸으로 기름 한 방울도 준비하지 못한 죄인들이 모두 예수를 신랑으로 혹은 남편으로 모시고 있다면 이것이 바로 자기를 위하여 만든 우상이라는 것입니다. 오늘날 기독교인들은 예수를 믿기만 하면 모두 구원을 받아 하나님의 아들이 된 것처럼 착각을 하고 있습니다.

그런데 아직 하나님의 아들로 거듭나지 못한 죄인이 자신을 하나님의 아들이라 생각을 하고 있다면 이것도 자신이 만들어 모시고 있는 우상입니다. 이렇게 오늘날 기독교인들은 성경에서 말씀하시는 하나님이나 예수님과는 관계없이 교리나 목사님의 말씀을 통해서 자기 나름대로 하나님과 예수님을 모시고 있는데 이렇게 자기가 말씀을 듣고 상상하여 모시고 있는 하나님이나 예수님이 바로 하늘에 만들어 놓은 형상들로 다른 하나님이요 우상이라 말씀하고 있는 것입니다.

오늘날 목회자들이 구원을 받아 하나님의 아들이 되었다고 주장하는 성경적 근거는 바로 사도행전 16장 31절과 2장 21절입니다.

[사도행전 16장 31절] 주 예수를 믿으라 그리하면 너와 네 집이 구원을 얻으리라.

　[사도행전 2장 21절] 누구든지 주의 이름을 부르는 자는 구원을 얻으리라.

　상기의 말씀은 분명하게 주예수를 믿거나 주의 이름을 부르는 자는 구원을 얻으리라는 말씀입니다. 그런데 구원을 얻으리라는 말씀은 미래시제로 예수를 믿으면 구원을 얻을 수 있다는 가능성이 있다는 말이지 완료로 구원을 받았다는 뜻이 아닙니다. 그보다 더 중요한 것은 예수를 믿어 구원을 받으면 애굽의 피조물들이 광야에 나와 종이 되는 것이지 가나안의 아들이 되는 것이 아니라는 것입니다. 하나님께서 만드신 하늘은 3층천으로 되어 있는데 1층은 애굽이며 2층은 광야이며 3층은 가나안을 말하고 있습니다. 즉 첫째 하늘은 애굽의 피조물들이 교리를 중심으로 하여 종교생활을 하는 곳이며 둘째 하늘은 광야로 나온 종들이 율법을 중심으로 훈련을 받으며 신앙생활을 하는 곳이며 셋째 하늘은 가나안에 들어간 자들이 진리의 성령을 통해 아들로 거듭날 자들을 말하고 있습니다.

　이렇게 애굽(세상)교회에서 종교생활을 하는 피조물들이

예수를 믿고 구원을 받으면 광야의 종이 되는 것이지 아들이 되는 것이 아닙니다. 하나님의 아들은 광야의 훈련을 받고 있는 종이 광야의 훈련을 모두 마치고 합격된 자가 가나안땅으로 들어가 생명의 말씀을 먹고 거듭날 때 하나님의 아들이 되는 것입니다. 그런데 이러한 사실을 모르는 삯군 목자들은 예수를 믿으면 모두 이미 구원을 받았고 하나님의 아들이 되었다고 거짓말을 하며 교인들을 속이고 있는 것입니다. 때문에 아무것도 모르는 교인들은 예수를 믿고 입으로 시인하는 즉시 아들이 되었다고 믿고 하나님을 아바 아버지라 부르고 있는 것입니다.

오늘날 목회자들이 하나님의 아들이 되었다고 주장하는 대표적인 말씀은 주일학교 아이들도 잘 알고 있는 요한복음 3장 16절 말씀입니다.

[요한복음 3장 16절-17절] 하나님이 세상을 이처럼 사랑하사 독생자를 주셨으니 이는 저를 믿는 자마다 멸망치 않고 영생을 얻게 하려 하심이라 하나님이 그 아들을 세상에 보내신 것은 세상을 심판하려 하심이 아니요 저로 말미암아 세상이 구원을 받게 하려 하심이라.

하나님께서 세상을 이처럼 사랑하여 독생자를 보내주신 것은 예수를 믿는 자들을 멸망시키지 않고 영생을 얻게 하시려고 보내셨다는 것입니다. 이 말씀 역시 예수를 믿는 자들은 앞으로 영생을 얻을 수 있다는 가능성을 말씀하신 것이지 예수를 믿으면 곧 영생을 얻었다고 말씀하신 것이 아닙니다. 그리고 하나님께서 사랑하시는 세상은 애굽의 피조물들을 말씀하신 것이 아니라 이미 구원을 받아 광야로 나온 종이나 요단강가의 양과 같은 존재들을 말하고 있습니다. 즉 아직 애굽에 머물고 있는 자들은 구원을 받아야 할 피조물들이며 광야나 요단강으로 나온 종들이 바로 영생을 얻을 존재라는 것입니다. 그런데 이러한 말씀도 모르는 삯군목자들은 교인들에게 예수를 믿기만 하면 어느 누구나 구원을 받아 아들이 되었다고 호언장담하고 있는 것입니다. 그러므로 교인들은 하나님께서 말씀하신 구원과는 관계없이 삯군목자의 말을 듣고 하나님의 아들이라고 믿는 신념이 고정관념으로 굳어져 형상화된 아들을 소유하고 있는 것입니다.

이렇게 하나님과 관계없이 삯군목자들에 의해 자신 안에 아들을 만들어 가지고 있는 자들이 바로 하늘의 형상을 만든 자라 말씀하시는 것입니다. 오늘날 목회자들이나 신학자들은 창세기 1장 27절을 인용하여 하나님께서 태초에 사람을 하나님의 형상대로 창조하셨기 때문에 인간은 본래가 하나님 혹은 그리스도라 주장하는 사람도 있습니다. 그런데 하나님께서 태초에 사람을 창조하신 것은 육에 속한 혼적 존재, 즉 흙으로 만든 첫 아담이며 하나님의 형상대로 창조된 영적존재는 하나님의 말씀으로 육일동안 창조하여 만든 둘째 아담(하나님의 아들)을 말하고 있습니다.

[창세기 1장 27절-28절] 하나님이 자기 형상 곧 하나님의 형상대로 사람을 창조하시되 남자와 여자를 창조하시고 하나님이 그들에게 복을 주시며 그들에게 이르시되 생육하고 번성하여 땅에 충만하라 땅을 정복하라 바다의 고기와 공중의 새와 땅에 움직이는 모든 생물을 다스리라 하시니라.

오늘날 기독교인들은 상기의 말씀 때문에 하나님께서 처음에 인간을 만드실 때 하나님의 형상과 모양대로 완전한 인간(하나님의 아들)을 만드신 줄로 오해를 하고 있습니다. 그러나 하나님께서는 처음에 첫 아담(흙에 속한자)을 만드신 후에 엿새 동안 하나님의 말씀으로 재창조하여 하나님의 모양과 형상이 같은 둘째 아담(영에 속한자)을 만드신 것입니다. 이것은 고린도전서 15장을 통해서 자세히 말씀하고 있습니다.

[고린도전서 15장 44절-49절] 육의 몸으로 심고 신령한 몸으로 다시 사나니, 육의 몸이 있은즉 또 신령한 몸이 있느니라 기록된바 첫 사람 아담은 산 영이 되었다 함과 같이 마지막 아담(둘째 아담)은 살려주는 영이 되었나니, 그러나 먼저(첫 아담)는 신령한 자가 아니요 육 있는 자요 (육신에 속한 자) 그 다음(둘째 아담)에 신령한 자 (영에 속한 자)니라 첫 사람(첫 아담)은 땅에서 났으니 흙에 속한 자(육신에 속한 자)이거니와 둘째 사람(예수 그리스도)은 하늘에서 (영으로) 나셨느니라 무릇 흙에 속한 자는 저 흙에 속한 자들과 같고 무릇 하늘에 속한 자는 저 하늘에 속한 자들과 같으니 우리가 흙(육신)에 속한 자의 형상을 입은 것 같이 또한 하늘(영)에 속한 자의 형상을 입으리라.

상기의 말씀은 하나님께서 처음에 심은 것은 육신의 몸이며 육신의 몸이 다시 살아야 신령한 몸이 된다는 뜻입니다. 때문에 첫 아담은 신령한 자가 아니며 둘째 아담이 신령한 자라고 말씀하고 있는 것입니다. 그리고 첫 사람(첫 아담)은 땅에서 났으니 흙에 속한 자(육신에 속한 자)이며 둘째 사람(예수 그리스도)은 하늘에서 (영으로)나셨기 때문에 영에 속한 자라고 말씀하고 있습니다. 이렇게 하나님께서 처음에 만드신 사람은 하나님의 형상으로 만드신 것이 아니라 흙에 속한 첫 아담을 만드시고 다시 하나님의 말씀으로 재창조하여 하나님의 형상과 같은 둘째 아담을 만드신 것입니다.

이와 같이 창세기에 하나님께서 말씀으로 창조하신 천지창조는 자연만물을 창조하신 것이 아니라 땅에 속한 혼적인 존재들을 하나님의 말씀으로 재창조하여 하늘에 속한 하나님의 아들로 만드시는 것입니다. 하나님께서 하늘에 속한 예수님을 통해서 땅에 속한 열두 제자들을 구원하여 하나님의 아들들을 만드시는 것을 볼 수 있습니다. 하나님은 예나 지금이나 흙에 속한 자들을 하나님의 아들들을 통해서 하늘에 속한 하나님의 아들들을 만드시고 계십니다. 이렇게 하나님의 아들은 예수를 믿는다고 되는 것이 아니라 예수님의 입에서 나오는 생명의 말씀을 먹고 마실 때 창조되어지는 것입니다.

그런데 창세기 1장에 간교한 뱀이 아담과 하와를 미혹한 것과 같이 오늘날도 수많은 뱀들, 즉 거짓선지자와 삯군목자들이 나타나 이신칭의 교리를 만들어 예수를 믿고 입으로 시인만 하면 하나님의 아들과 같이 된다고 미혹을 하고 있는 것입니다. 이들이 바로 예수님의 말씀과 같이 하나님의 백성들을 배나 더 지옥자식을 만들고 있는 자들입니다.

[마태복음 23장 15절] 화 있을찐저 외식하는 서기관들과 바리새인들이여 너희는 교인 하나를 얻기 위하여 바다와 육지를 두루 다니다가 생기면 너희보다 배나 더 지옥 자식이 되게 하는 도다.

상기의 예수님께서 화가 있으리라는 외식하는 서기관과 바리새인들은 과연 오늘날 어느 누구를 가리키는 말인가요? 오늘날 서기관은 성경을 기록하고 가르치는 신학자와 목회자들이요 바리새인은 율법과 교리에 따라서 신앙생활을 열심히 하고 있는 정통파 보수신앙인들이라 생각합니다. 그런데 이들은 교인들을 얻기 위하여 방방곡곡을 배회하면서 열심히 전도를 하지만 결국은 이들 안에 있는 욕심 때문에 오히려 배나 더 지옥자식을 만들고 있다는 말씀입니다. 왜냐하면 이들은 교인들에게 생명의 말씀을 심비에 기록하여 하나님의 형상을 입혀야 하는데 율법과 교리를 가르치고 기복으로 의식화 시켜 가이사의 형상을 만들고 있기 때문입니다.

[마태복음 22장 17절-22절] 그러면 당신의 생각에는 어떠한지 우리에게 이르소서 가이사에게 세를 바치는 것이 가하니이까 불가하니이까 한대 예수께서 저희의 악함을 아시고 가라사대 외식하는 자들아 어찌하여 나를 시험하느냐 셋돈을 내게 보이라 하시니 데나리온 하나를 가져 왔거늘 예수께서 말씀하시되 이 형상과 이 글이 뉘 것이냐 가로되 가이사의 것이니이다. 이에 가라사대 그런즉 가이사의 것은 가이사에게, 하나님의 것은 하나님께 바치라 하시니 저희가 이 말씀을 듣고 기이히 여겨 예수를 떠나 가니라.

상기의 말씀은 바리새인들이 예수를 시험하기 위하여 가이사에게 세를 바치는 것이 옳은지 아닌지를 묻는 질문에 대한 예수님의 대답입니다. 여기에 등장된 셋돈은 물건을 사고 팔 때 사용하는 돈이 아니라 하나님의 백성들을 셋돈으로 비유한 것입니다. 그러므로 하나님의 백성들이 신앙 생활을 하는 동안에 가이사의 형상을 입고 심비에도 가이사의 글이 기록되어 있다면 가이사에게 드리고, 하나님의 형상과 글이 심비에 기록된 하나님의 아들들은 하나님께 드리라는 말씀입니다.

이와 같이 오늘날 기독교인들도 신앙생활을 하는 동안에 가감되지 않은 하나님의 말씀으로 하나님의 형상을 입고 또한 심비에도 오류없는 생명의 말씀이 기록된 자들은 하나님이 계신 천국으로 들어가게 되지만, 가감된 말씀으로 가이사의 글과 형상을 입으면 지옥으로 가게 되는 것입니다. 그런데 바리새인들은 예수님의 이러한 말씀을 듣고도 이 비유의 뜻을 이해하지 못하여 이상히 여기며 예수를 떠나간 것입니다. 이렇게 예수를 시험하는 거짓선지자들과 삯군목자들이 겉으로는 그리스도의 사도로 혹은 광명의 천사로 가장을 하고 끊임없이 사람을 미혹하고 있는 것입니다.

[고린도후서 11장 13절-15절] 저런 사람들은 거짓 사도요 궤휼의 역군이니 자기를 그리스도의 사도로 가장하는 자들이니라. 이것이 이상한 일이 아니라 사단도 자기를 광명의 천사로 가장하나니 그러므로 사단의 일군들도 자기를 의의 일군으로 가장하는 것이 또한 큰 일이 아니라 저희의 결국은 그 행위대로 되리라.

예수님의 말씀과 같이 오늘날 이 세상에는 수많은 거짓 선지자와 삯군목자들이 존재하고 있습니다. 그러므로 예수님은 사람의 미혹을 받지 않도록 주의하라고 말씀하시는 것입니다. 왜냐하면 이런 자들은 모두가 그리스도의 사도로 혹은 광명의 천사로 가장을 하고 있어서 신앙이 어린 자들은 이들을 분별할 능력이 없어 미혹될 수밖에 없기 때문입니다. 그보다 더욱 심각한 문제는 이러한 거짓선지자들을 조금도 의심하지 않고 믿고 따르며 잘 섬기고 있다는 것입니다.

　이렇게 하나님의 백성들이 하나님의 말씀을 분명하게 모르면 이러한 거짓사도와 삯군목자들에게 미혹 당하여 평생동안 종노릇 하다가 결국 멸망당하게 되는 것입니다. 그러므로 오늘날 기독교인들은 이런 자들에게 속지 말고 하루속히 이들에게서 벗어나 하나님의 말씀으로 돌아가야 하며 하나님께서 보내주시는 참 목자를 찾아가야 합니다. 오늘날 기독교인들이 예수를 구주로 믿고 하나님을 섬기며 열심히 신앙생활을 한다 해도 그 신앙이 자신의 욕심을 채우기 위한 기복신앙이라면 기복의 하나님, 즉 우상을 숭배하는 것을 알아야 합니다. 이렇게 하나님은 외적으로 형상화되어있는 우상을 숭배하지 않는다 해도 마음에 욕심이나 탐심을 가지고 하나님을 믿는다면 그것이 곧 우상숭배라 하는 것입니다. 그러므로 하나님의 진정한 백성들이라면 하루속히 자신 안에 있는 욕심을 버리고 또한 거짓선지자들로부터 의식화 되어있는 고정관념들을 모두 벗어버리고 참 목자의 인도함을 받아 율법이 있는 광야로 들어가 십계명을 지키며 광야의 훈련을 받아야 하는 것입니다.

> 3) 나 여호와 너의 하나님은 질투하는 하나님인즉 나를
> 미워하는 자의 죄를 갚되 아비로부터 아들에게로 삼
> 사 대까지 이르게 하거니와 나를 사랑하고 내 계명을
> 지키는 자에게는 천대까지 은혜를 베푸느니라.

오늘날 기독교인들이 믿고 있는 하나님은 오직 사랑의 하나님으로 모두가 좋으신 하나님으로만 알고 있습니다. 그래서 "좋으신 하나님 좋으신 하나님 참 좋으신 하나님"이라는 복음성가도 만들어 즐겨 부르고 있는 것입니다. 그런데 나 여호와 너의 하나님은 질투하는 하나님으로 나를 미워하는 자의 죄를 갚되 아비로부터 아들에게로 삼사 대까지 이르게 하겠다고 말씀하고 있습니다. 사람은 상대가 아무리 밉고 원수 같다 해도 당대에 갚지 삼사 대 까지 갚는

사람은 없습니다. 이렇게 기독교인들이 알고 있는 사랑의 하나님과 성경이 말씀하고 있는 두려운 하나님은 너무나 다르다는 것을 알아야 합니다.

이렇게 하나님을 미워하는 자들에게는 두려운 하나님이지만 하나님을 사랑하는 자들에게는 은혜를 천대까지 베푸시는 공의로우신 하나님이십니다. 하나님께서 나를 사랑한다는 자는 곧 하나님의 계명을 사랑하는 자를 말하며 하나님을 미워한다는 것은 곧 하나님의 계명을 미워하고 싫어하는 자를 말하고 있습니다. 결국 오늘날 기독교인들도 하나님의 계명을 사랑하며 지키는 자들은 하나님의 사랑을 받으며 천국으로 들어가지만, 하나님의 계명을 싫어하며 지키지 않는 자들은 형벌을 받아 지옥으로 들어가게 된다는 말씀입니다.

이와 같이 오늘날 기독교인들도 잘못된 다른 하나님과 우상 신앙에서 돌이키지 않거나 하나님의 계명을 버리고 사람이 만든 교리나 법을 지킨다면 하나님의 말씀과 같이 그 죄를 삼사 대, 즉 아비로부터 아들과 손자에 이르기까지 받게 된다는 것을 알아야 합니다. 그러나 하나님을 사랑하는 자 곧 하나님의 계명을 사랑하며 올바르게 지키는 자들은 하나님께서 주시는 복을 천대까지 받게 되는데 천대는 상징적인 수로 영원한 하늘의 복, 즉 영원한 하나님의 생명을 받는다는 뜻입니다.

그러므로 하나님을 사랑하는 자들은 지금이라도 삯군목자와 교리신앙에서 하루속히 벗어나 하나님의 계명을 찾아서 올바르게 지키며 진실 된 신앙생활을 해야 하는 것입니다. 예수님은 요한계시록을 통해서 하나님의 뜻에 따라 신앙생활을 올바로 한자와 삯군목자를 따르며 우상을 섬기며 영혼들을 죽인 자들의 결과에 대해서 이렇게 말씀하고 계십니다.

[요한계시록 22장 13-15절] 나는 알파와 오메가요 처음과 나중이요 시작과 끝이라. 그 두루마기를 빠는 자들은 복이 있으니 이는 저희가 생명나무에 나아가며 문들을 통하여 성에 들어갈 권세를 얻으려 함이로다. 개들과 술객들과 행음 자들과 살인 자들과 우상 숭배자들과 및 거짓말을 좋아하며 지어내는 자마다 성밖에 있으리라.

나는 알파와 오메가요 처음과 나중이요 시작과 끝이라 말씀하시는 이는 예수님이십니다. 예수님은 더러워진 두루마기를 깨끗이 빠는 자들은 복이 있다고 말씀하고 있습니다. 왜냐하면 이들은 생명나무에 나아가 문들을 통해서 성에 들어갈 권세를 얻을 수 있기 때문이라는 것입니다. 그런데 두루마기는 무엇을 말하며 생명나무는 어떤 나무를 말하는지 그리고 들어가는 문과 성은 어떤 문과 성을 말하는지를 모르면 이 말씀은 이해할 수가 없습니다. 두루마기는 겉에 입는 옷으로 세마포를 말하는데 세마포는 그리스도의 옷, 즉 말씀의 옷으로 하나님의 백성들이 소유하고 있는 하나님의 말씀을 말하고 있습니다.

그러므로 두루마기를 빨라는 것은 지금 소유하고 있는 말씀은 더럽기가 한량없고 추하기 때문에 깨끗이 씻어내라는 뜻입니다. 그리고 생명나무는 에덴동산에 있던 나무와 동일한 나무인데 이 나무는 실제 나무가 아니라 생명이신 예수님을 비유로 말씀하고 있는 것입니다. 그리고 성으로 들어가는 문 역시 천국이신 예수님을 말하며 성은 천성, 즉 천국인 하나님의 나라를 말하고 있습니다. 그러므로 상기의 말씀은 두루마기를 빠는 자, 즉 그동안 삯군목자들로부터 오염된 말씀을 받아 쌓아놓은 고정관념들을 깨고 부수어 깨끗이 버린 자에게 복이 있는데 그 복은 생명나무 곧 생명의 근원인 예수님을 통하여 천국에 들어갈 권세를 얻게 된다는 뜻입니다.

그러나 지금도 회개하지 않고 하나님의 말씀을 더럽히는 개들과 술객들과 우상숭배자들 속에 계속 머물고 있는 자들은 모두 성밖, 즉 지옥으로 들어가 형벌을 받게 된다는 것입니다. 그러면 하나님께서 말씀하시는 개들과 술객들과 우상숭배자들은 어떤 자들을 말하고 있을까요? 하나님께서 말씀하시는 이러한 개들과 술객들은 놀랍게도 몰지각한 목자들을 말하고 있습니다.

[이사야 56장 9절-12절] 들의 짐승들아 산림 중의 짐승들아 다 와서 삼키라 그 파숫군들은 소경이요 다 무지하며 벙어리 개라 능히 짓지 못하며 다 꿈꾸는 자요 누운 자요 잠자기를 좋아하는 자니 이 개들은 탐욕이 심하여 족한 줄을 알지 못하는 자요 그들은 몰각한 목자들이라 다 자기 길로 돌이키며 어디 있는 자이든지 자기 이만 도모하며 피차 이르기를 오라 내가 포도주를 가져오리라 우리가 독주를 잔득 먹자 내일도 오늘같이 또 크게 넘치리라 하느니라.

상기의 말씀을 보면 개들은 탐욕이 심하여 족한 줄을 모르는 몰지각한 목자들로 오늘날 만족할 줄을 모르고 자기 교회를 대형화해 가며 기업화해 가는 삯군목자들을 말하고 있습니다. 그리고 술객들은 꿈꾸기를 좋아하는 파숫군, 즉 은사를 받았다는 자들로 기도할 때나 꿈속에서 환상을 보고나 음성을 듣고 하나님께 응답 받았다고 좋아하는 목자들이나 은사 자들을 말합니다. 이러한 자들은 하나님 앞에서 하나님의 일을 넘치도록 많이 했다고 큰소리치며 큰상을 받으려 하지만 주님께서는 나는 너를 도무지 모른다고 하십니다.

왜냐하면 이러한 삯군목자들은 하나님의 일을 한 것이 아니라 모두 자기 욕심을 채우기 위해서 한 것이며 하나님이 받아야 할 영광도 자기가 모두 받았기 때문입니다. 이들이 바로 지옥문 앞에서 지옥문을 붙잡고 슬피 울며 이를 갈고 있을 자들입니다.

그러므로 이 말씀을 하나님의 말씀으로 들은 자들은 지금이라도 잘못된 넓고 평탄한 멸망의 길에서 돌이켜 좁고 협착한 생명의 길로 돌아와야 합니다. 그러면 하나님께서 모든 죄를 용서해 주시고 사랑과 은혜가 넘치는 생명의 길로 인도해 주실 것입니다.

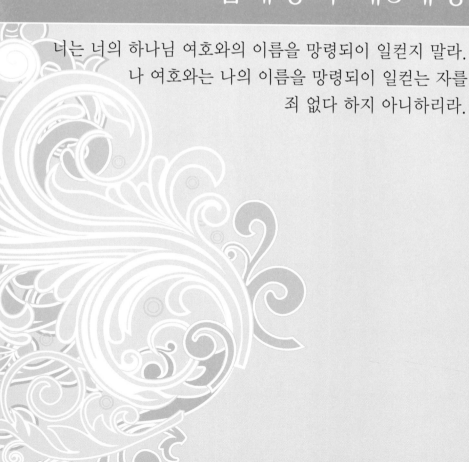

# 십계명의 제3계명

너는 너의 하나님 여호와의 이름을 망령되이 일컫지 말라.
나 여호와는 나의 이름을 망령되이 일컫는 자를
죄 없다 하지 아니하리라.

제 3계명: 너는 너의 하나님 여호와의 이름을 망령되
이 일컫지 말라. 나 여호와는 나의 이름을 망령되
이 일컫는 자를 죄 없다 하지 아니하리라.


　만유의 주인이시며 인간들의 생사화복을 주관하시는 하
나님의 이름은 여호와이십니다. 또한 하나님은 사랑의 본
체로서 영원 전부터 영원까지 무소부재하시며 전지전능하
신 여호와이십니다. 그리고 여호와 하나님은 죄 가운데서
태어나서 죽을 수밖에 없는 인간들을 구원하셔서 영원한
생명을 주시는 사랑의 하나님이라 굳게 믿고 있는 것입니
다. 그런데 어느 누가 여호와 하나님의 이름을 함부로 망령
되이 일컫는단 말인가요?

　그러나 하나님께서 제 3계명을 통하여 너는 너의 하나님
여호와의 이름을 망령되이 일컫지 말라고 명하시는 것은
하나님의 백성들이 예나 지금이나 하나님의 이름을 망령되
이 일컫고 있기 때문에 하시는 말씀입니다. 그래서 이스라
엘 민족들은 지금도 여호와 하나님의 이름을 함부로 부르
지 않으며 하나님을 주 혹은 주님(아도나이 אֲדֹנָי)이라 부
르고 있습니다.

　세상에서도 머슴이나 종들은 자기 주인의 이름을 함부로

부르지 못하며 회사나 직장에서도 상관을 모시고 있는 부하직원들은 자기상관을 부를 때 직명의 존칭을 사용하며 상관의 이름을 함부로 부르지 않는 것이 상례로 되어 있는 것입니다. 그러므로 하나님을 절대자로 믿고 섬기는 종들은 당연히 만유의 주인이신 여호와의 이름을 함부로 부르면 안 되는 것입니다. 그런데 오늘날 기독교인들은 아직 죄인이며 종의 신분임에도 불구하고 하나님을 함부로 아버지라고 망령되이 부르고 있는 것입니다.

하나님을 아버지라 부를 수 있는 분은 하나님으로부터 아들로 낳음을 받은 예수님과 예수님으로부터 아들로 낳음을 받은 사도들입니다. 오늘날 기독교인들은 지금 애굽(교회)에서 신앙생활을 하고 있기 때문에 아들은 물론 아직 종도 아니라는 것을 알아야 합니다. 그런데 제 3계명을 통해서 말씀하고 있는 여호와의 이름은 단순히 여호와라는 이름 석자를 말씀하고 있는 것이 아니라는 것입니다.

하나님의 말씀은 밭에 감추어진 보화로 표면에 나타나 있는 말씀 이면에 반드시 영적인 의미가 감추어져 있다는 것을 알아야 합니다. 그러면 여호와 하나님의 이름 배후에 숨겨져 있는 영적인 뜻은 과연 무엇일까요? 문제는 여호와 이름의 영적인 의미를 안다는 것도 어렵지만, 그보다 더 힘든 것은 육신에 속한 사람들에게 영적인 뜻을 전달하기가 더욱 어렵다는 것입니다. 왜냐하면 육신에 속한 자들은 영적인 말씀들을 잘 이해하지 못할 뿐만 아니라, 오히려 하나님의 말씀을 너무 지나치게 영해를 한다고 비방하면서 이단으로 밀어붙이기 때문입니다.

그러므로 하나님의 영적인 말씀을 전하시던 예수님께서도 유대인들로부터 수많은 핍박을 받으시면서 곤욕을 치르셨으며 그 후에 사도바울을 비롯한 열두 사도들도 예외 없이 하나님의 영적인 뜻을 전하다가 유대인들로부터 이단으로 몰려 온갖 고통을 당한 것을 성경을 통해서 볼 수 있습니다. 이와 같이 하나님의 말씀을 육신의 눈으로 바라보고 인간의 지식적인 차원에서 보편타당성 있게 증거를 하면 아무런 문제가 없지만, 말씀을 영적의미를 드러내어 전하면 전혀 이해하지 못하고 무조건 이단으로 배척하는 것입니다.

그러나 하나님은 영이시며 또한 예수님 역시 말씀이 육신 되신 영이시기 때문에 하나님의 말씀은 모두 영으로 보고 해석을 해야만 한다는 것입니다. 이렇게 하나님의 말씀이나 예수님의 입에서 나오는 말씀은 모두가 영적인 말씀인데 아직 거듭나지 못한 영적 소경들은 영안이 없어 하나님의 말씀을 모두 육신적인 눈으로 보고 육적으로 해석을 하며 영적인 말씀을 하는 하나님의 아들들을 배척하는 것입니다. 예수님께서 하나님은 영이시기 때문에 예배도 성령과 진리로 드리라고 말씀하고 있습니다.

[요한복음 4장 24절] 하나님은 영이시니 예배하는 자가 신령(성령)과 진정(진리)으로 예배할찌니라.

상기의 말씀에 신령과 진정은 원문에 분명히 성령(푸뉴마)과 진리(알레데이아)로 기록되어 있습니다. 그런데 성경 번역자들은 성령과 진리를 신령과 진정으로 번역해 놓은 것입니다. 그러므로 이 말씀의 본뜻은 예수님께서 하나님은 영이시니 예배하는 자가 성령과 진리로 예배를 드리라고 말씀하시는 것입니다. 왜냐하면 하나님은 영이시기 때문에 육으로 드리는 제물이나 제사는 받지 않으시고 받으실 수도 없기 때문입니다. 창세기 4장에 아벨이 양(진리)과 기름(성령)으로 드린 제사와 제물은 하나님께서 받으셨지만 가인이 땅의 소산인 곡식으로 드린 예물과 제사는 받지 않으신 것은 바로 이 때문입니다. 그러므로 예수님께서 죽은 영혼을 살리는 것은 영, 즉 영적인 말씀이며 육적인 말씀은 아무소용이 없다고 말씀하시는 것입니다.

[요한복음 6장 63-64절] 살리는 것은 영이니 육은 무익하니라 내가 너희에게 이른 말이 영이요 생명이라 그러나 너희 중에 믿지 아니하는 자들이 있느니라.

예수님께서 죽은 영혼을 살리는 것은 영이며 육은 무익하다고 말씀하고 있습니다. 이 말씀은 만일 영이 없다면 오늘날 죽은 영혼들이 살 수도 없고 구원받을 수도 없다는 뜻입니다. 그렇다면 영은 무엇이며 육은 무엇을 말하고 있을까요? 영은 산 자의 말씀, 즉 하나님의 생명으로 거듭난 자들의 입에서 나오는 말씀을 말하며 육은 아직 거듭나지 못한 자의 입에서 나오는 말을 말하고 있습니다. 결국 예수님이나 사도들의 입에서 나오는 말씀은 영이요 생명이지만 아직 거듭나지 못한 제사장들이나 오늘날 목회자들의 입에서 나오는 말은 육이라는 뜻입니다.

왜냐하면 지금도 하나님의 생명으로 거듭난 자들은 그 입에서 나오는 말씀으로 죽은 영혼들을 구원하고 살리지만 아직 거듭나지 못한 자들은 죽은 자들을 살릴 수가 없기 때문입니다. 그러므로 오늘날 목회자들은 죽은 영혼들을 살릴 수 없기 때문에 교인들에게 우리는 예수를 믿음으로 구원을 받아 아들이 되었다는 것과 천국에 들어간다는 것을 믿으라고 가르치고 있는 것입니다. 그러나 예수님께서는 거듭나지 않으면 하나님의 나라를 볼 수 없고 물과 성령으로 나지 않으면 천국에 들어 갈 수 없다고 분명하게 말씀하십니다.

[요한복음 3장 3절-7절] 예수께서 대답하여 가라사대 진실로 진실로 네게 이르노니 사람이 거듭나지 아니하면 하나님 나라를 볼 수 없느니라 니고데모가 가로되 사람이 늙으면 어떻게 날 수 있삽나이까 두번째 모태에 들어갔다가 날 수 있삽나이까 예수께서 대답하시되 진실로 진실로 네게 이르노니 사람이 물과 성령으로 나지 아니하면 하나님 나라에 들어갈 수 없느니라 육으로 난 것은 육이요 성령으로 난 것은 영이니 내가 네게 거듭나야 하겠다 하는 말을 기이히 여기지 말라.

상기의 말씀은 예수님께서 이스라엘의 선생이라는 니고데모와의 대화를 기록한 것입니다. 그런데 이스라엘의 선생이라고 하는 니고데모가 예수님께서 네가 거듭나지 않으면 하나님의 나라를 볼 수 없다는 말씀에 거듭남의 영적인 의미를 전혀 모르고 있는 것입니다. 그 이유는 니고데모가 이스라엘 백성들을 가리키는 영적 지도자이지만 아직 영으로 거듭나지 못했기 때문입니다. 이와 같이 육에 속한 자들이 성령으로 다시 거듭나지 않으면 영적인 하나님 나라, 즉 영적인 말씀은 볼 수도 없고 들을 수도 없는 것입니다.

때문에 아직 하나님의 생명으로 거듭나지 못한 자들은 예수님께서 말씀하시는 영적인 말은 귀가 있어도 듣지 못하고 눈이 있어도 볼 수 없다고 말씀하신 것입니다. 그러므로 예수님께서 하나님의 나라, 곧 하나님의 영적인 말씀은 거듭나지 않으면 볼 수 없고 물과 성령으로 나지 않으면 천국(하나님의 나라)에 들어갈 수 없다고 말씀하신 것입니다. 왜냐하면 육으로 난자는 육이며 영으로 난자만이 영이기 때문입니다.

이 말은 영의 세계인 하나님의 나라(천국)는 영으로 난 하나님의 아들들만 들어가는 곳이며 육으로 난자들 곧 아직 영으로 거듭나지 못한 육적 존재들은 천국에 들어 갈 수 없다는 뜻입니다. 유대인들이나 오늘날 기독교인들이 거듭나지 못하는 것은 비진리(각종교리)에 의식화되어 마음이 완악해져 있기 때문입니다. 그러므로 예수님께서 완악한 마음을 회개시켜 온유한 마음으로 고쳐서 구원하려고 오셨는데도 불구하고 이들은 오히려 고침 받기를 두려워하고 있다는 것입니다.

[마태복음 13장 14절-17절] 이사야의 예언이 저희에게 이루었으니 일렀으되 너희가 듣기는 들어도 깨닫지 못할 것이요 보기는 보아도 알지 못하리라 이 백성들의 마음이 완악하여져서 그 귀는 듣기에 둔하고 눈(영안)은 감았으니 이는 눈으로 보고 귀로 듣고 마음으로 깨달아 돌이켜 내게 고침을 받을까 두려워함이라 하였느니라 그러나 너희(제자들) 눈은 봄으로, 너희 귀는 들음으로 복이 있도다 내가 진실로 너희에게 이르노니 많은 선지자와 의인이 너희 보는 것들을 보고자 하여도 보지 못하였고 너희 듣는 것들을 듣고자 하여도 듣지 못하였느니라.

상기의 말씀과 같이 마음이 완악한 유대인들은 하나님의 영적인 말씀을 볼 수도 없고 들을 수도 없다는 것입니다. 마음이 완악하다는 말은 마음이 굳어져 강퍅하다는 말인데 마음이 굳어지게 된 것은 하나님의 말씀을 가감하여 만든 비진리 때문입니다. 그런데 너희, 즉 예수님의 제자들은 예수님이 하시는 영적인 말씀을 귀로 듣고 눈으로 볼 수 있기 때문에 복이 있다고 말씀하고 있습니다. 그런데 놀라운 것

은 너희가 지금 듣고 있는 영적인 말씀을 많은 선지자와 의
인들이 보려고 해도 보지 못했고 들으려 해도 듣지 못했다
는 것입니다. 이렇게 하나님의 말씀 속에 감추어져 있는 영
적인 비밀들은 예수님이나 사도 바울과 같이 계시를 받은
자, 즉 하나님의 생명으로 거듭나 영안을 소유한 자만이 볼
수 있고 알 수 있는 것입니다.

　이와 같이 하나님의 말씀은 누구나 읽고 볼 수 있지만 말
씀 속에 감추어져 있는 영적 의미는 알 수가 없는 것입니
다. 그러면 하나님의 말씀 속에 감추어져 있는 여호와 이름
의 영적인 뜻은 과연 무엇일까요? 이제부터 여호와 이름의
영적인 의미를 성경을 통해서 살펴보기로 하겠습니다. 하
나님 이름의 영적 의미를 성경 가운데서 살펴보면 여호와
라는 이름 석자를 말하는 것이 아니라 모두 하나님의 말씀
을 비유하여 말씀하고 있습니다. 이름이 곧 하나님의 말씀
이라는 성경구절은 요한 계시록 19장 13절 이하에 단 한번
나옵니다. 그러나 요한복음 1장 1절에서 말씀은 곧 하나님
이시라고 분명하게 말씀하고 있습니다. 이 말씀은 하나님
은 말씀이시며 말씀은 곧 하나님이시라는 뜻입니다. 그러
므로 표면에 나타나 있는 하나님의 이름은 여호와이시지만
내적인 영적인 뜻은 곧 말씀을 말하고 있는 것입니다. 하나

님의 이름이 곧 말씀이라는 것은 성경에 기록된 하나님의 이름을 모두 말씀으로 대입시켜 보면 이름이 곧 말씀이라는 것을 확실하게 알 수 있습니다.

[요한계시록 19장 13절] 또 그가 피 뿌린 옷을 입었는데 그 이름(말씀)은 하나님의 말씀이라 칭하더라.

[에스겔서 39장 7절] 내가 내 거룩한 이름(말씀)을 내 백성 이스라엘 가운데 알게 하여 다시는 내 거룩한 이름(말씀)을 더럽히지 않게 하리니 열국이 나를 여호와 곧 이스라엘의 거룩한 자인 줄 알리라 하셨다 하라.

[예레미야 14장 14절] 여호와께서 내게 이르시되 선지자들이 내 이름(말씀)으로 거짓 예언을 하도다 나는 그들을 보내지 아니하였고 그들에게 명하거나 이르지 아니하였거늘 그들이 거짓 계시와 복술과 허탄한 것과 자기 마음의 속임으로 너희에게 예언하도다.

[다니엘서 2장 20절] 다니엘이 말하여 가로되 영원 무궁히 하나님의 이름(말씀)을 찬송할 것은 지혜와 권능이 그에게 있음

이로다.

[마태복음 18장 20절] 두 세 사람이 내 이름(말씀)으로 모인 곳에는 나도 그들 중에 있느니라.

[요한복음 3장 18절] 저를 믿는 자는 심판을 받지 아니하는 것이요 믿지 아니하는 자는 하나님의 독생자의 이름(말씀)을 믿지 아니하므로 벌써 심판을 받은 것이니라.

[요한복음 20장 31절] 오직 이것을 기록함은 너희로 예수께서 하나님의 아들 그리스도이심을 믿게 하려 함이요 또 너희로 믿고 그 이름(말씀)을 힘입어 생명을 얻게 하려 함이니라.

[사도행전 10장 43절] 저에 대하여 모든 선지자도 증거하되 저를 믿는 사람들이 다 그 이름(말씀)을 힘입어 죄 사함을 받는다 하였느니라.

[히브리서 13장 15절] 이러므로 우리가 예수로 말미암아 항상 찬미의 제사를 하나님께 드리자 이는 그 이름(말씀)을 증거하는 입술의 열매니라.

이상의 말씀과 같이 하나님의 이름은 곧 하나님의 말씀을 말하며 예수의 이름은 예수님의 말씀을 말하는 것이지 단순히 이름 석자를 말하는 것이 아닙니다. 왜냐하면 하나님의 백성들이 구원을 받는 것도 하나님의 말씀으로 인한 것이며 하나님의 아들로 거듭나는 것도 말씀으로 인한 것이지 이름 석자가 아니기 때문입니다. 때문에 하나님은 베드로전서를 통해서 너희가 거듭난 것은 하나님의 살아 있는 말씀, 즉 생명의 말씀으로 된 것이라 말씀하고 있는 것입니다.

　[베드로전서 1장 23절] 너희가 거듭난 것이 썩어질 씨로 된 것이 아니요 썩지 아니할 씨로 된 것이니 하나님의 살아 있고 항상 있는 말씀으로 되었느니라.

　상기의 말씀에 썩어질 씨는 제사장들이 전하는 말씀을 말하며 썩지 아니할 씨는 예수님과 사도들이 전하는 생명의 말씀을 말하고 있습니다. 이렇게 하나님의 아들로 거듭나는 것은 살아계신 하나님의 아들들의 입에서 나오는 말씀이지 단순히 여호와나 예수의 이름이 아니라는 것을 알아야 합니다.

그러므로 기도할 때 예수의 이름으로 기도하라는 것도 기도한 후에 예수의 이름만 붙이라는 것이 아니라 예수님이 가르쳐준 말씀대로 즉 예수님의 뜻대로 기도 하라는 뜻입니다. 때문에 기도할 때 자기 생각이나 욕심대로 구하며 기도하고 난후 예수의 이름으로 기도했다고 아멘, 하는 것은 거짓이며 외식입니다. 이것은 마치 가짜 상품을 만들어 놓고 상표만 진짜라고 붙여 놓은 것과 같은 것입니다. 이렇게 성경을 통해서 말씀하고 있는 이름은 모두 말씀을 비유하여 말하고 있는 것입니다.

　그러므로 제 3계명을 통해서 "너는 너의 하나님 여호와의 이름을 망령되이 일컫지 말라"는 말씀은 곧 하나님의 말씀을 망령되이 일컫지 말라는 뜻입니다. 그런데 3계명에서 망령되이라는 단어를 원어에서 찾아보면 망령이란 단어는" 쇠베"(שׁוא)로서 뜻은 "황폐시키다, 파멸시키다, 거짓말하다, 헛된, 무익한, 우상숭배" 등입니다. 또한 일컫다, 라는 단어 "나싸(נשׂא)는 들어올리다, 받아들이다, 높이다, 공급하다, 떠받들다, 세우다" 등으로 사용되고 있습니다. 그러므로 너는 너의 하나님 여호와의 이름을 망령되이 일컫지 말라는 진정한 뜻은 너는 너의 하나님 여호와의 말씀을 가감하거나 왜곡하여 속이지 말라는 뜻입니다.

그런데 하나님의 백성들이 다른 하나님을 섬기거나 우상 숭배를 하여 결국 멸망당하게 된 것은 거짓선지자들과 삯 군목자들이 하나님의 말씀을 가감하여 만든 비진리, 곧 교리와 기복으로 만든 썩을 양식을 먹였기 때문입니다. 그럼에도 불구하고 오늘날 삯군목자들은 하나님을 함부로 아버지라 부르고 하나님의 말씀을 자기 마음대로 가감하고 요리하여 교인들에게 먹이고 있는 것입니다. 그러므로 제 3 계명은 하나님 여호와의 말씀을 일점일획이라도 가감하거나 오염시키지 말라는 하나님의 명령입니다. 사도요한은 하나님의 말씀을 망령되이 함부로 가감하는 목회자들에게 요한계시록을 통해서 이렇게 말씀하고 있습니다.

　[요한계시록 22장 18절-19절] 내가 이 책의 예언의 말씀을 듣는 각인에게 증거 하노니 만일 누구든지 이것들 외에 더하면 하나님이 이 책에 기록된 재앙들을 그에게 더하실 터이요 만일 누구든지 이 책의 예언의 말씀에서 제하여 버리면 하나님이 이 책에 기록된 생명나무와 및 거룩한 성에 참예함을 제하여 버리시리라.

　상기의 말씀은 요한계시록의 맨 마지막장에 기록되어 있

는 말씀으로 목회자들은 물론 일반교인들도 잘 알고 있는 말씀입니다. 이 책이라는 말은 계시록에 기록된 말씀만을 말하는 것이 아니라 성경 전체를 가리키고 있는 것입니다. 그런데 상기의 말씀은 그 어느 누구라도 성경말씀을 더하면 재앙을 받게 되고 제하면 생명나무와 거룩한 성 곧 천국에 들어가지 못한다고 분명히 말씀하고 있습니다. 즉 하나님의 말씀을 조금이라도 가감하면 형벌과 더불어 지옥으로 들어간다는 말씀입니다. 그러므로 하나님의 말씀은 오직 하나님의 생명으로 거듭난 하나님의 아들들만이 볼 수 있고 영적인 말씀들을 풀 수 있는 것이지 소경된 인도자들은 함부로 보거나 사사로이 풀어서는 안 되는 것입니다.

[베드로후서 1장 20절-21절] 먼저 알 것은 경의 모든 예언은 사사로이 풀 것이 아니니 예언은 언제든지 사람의 뜻으로 낸 것이 아니요 오직 성령의 감동하심을 입은 사람들이 하나님께 받아 말한 것임이니라.

상기의 말씀과 같이 성경에 기록된 하나님의 말씀은 아직 영으로 거듭나지 못한 자들, 즉 육신에 속한 자들은 함부로 해석을 하거나 증거를 해서는 안 된다는 말씀입니다.

왜냐하면 아직 거듭나지 못한 자들은 영안이 없어 하나님 말씀의 영적인 뜻을 알 수도 볼 수도 없기 때문입니다. 이렇게 하나님의 말씀을 모르는 상태에서 성경을 함부로 풀거나 증거를 한다면 결국 거짓 증거가 될 수밖에 없고 거짓 증거는 곧 영혼들을 죽일 수밖에 없는 것입니다.

이와 같이 하나님의 말씀은 죽은 영혼을 살리는 생명의 말씀으로서 하나님의 말씀으로 거듭난 하나님의 아들들 이외에는 해석을 하거나 증거 하지 말라는 것입니다. 그럼에도 불구하고 오늘날 거짓목자와 삯군목자들이 하나님의 말씀을 자기 마음대로 가감하고 요리하여 교인들을 미혹하고 있는 것입니다. 이런 자들은 마지막 때에 심판을 받아 꺼지지 않는 불속으로 들어가 고통을 받게 되는 것입니다.

[마태복음 3장 11절-12절] 그는 성령과 불로 너희에게 세례를 주실 것이요. 손에 키를 들고 자기의 타작마당을 정하게 하사 알곡은 모아 곡간에 들이고 쭉정이는 꺼지지 않는 불에 태우시리라.

상기의 말씀에 그는 예수님을 가리키는데 예수님은 성령과 불로 세례를 주신다고 말씀하고 있습니다. 예수님은 키를 들고 자기 타작마당을 정하게 하여 알곡은 모아 곡간에 들이고 쭉정이는 꺼지지 않는 불에 태우신다고 말씀하고 있습니다. 요즈음 기도원 집회에 가보면 부흥목사님들이 교인들에게 불 받으라고 외치는 것을 종종 볼 수 있습니다. 그런데 목사님들이 불이 무엇인지 조차도 모르면서 불을 받으라고 외치며 교인들은 불을 받으려고 애쓰고 있습니다. 불은 심판을 말하며 성령은 구원을 말하고 있습니다. 즉 성령은 하나님의 백성들을 구원하는 생명의 말씀이며 불은 죄를 범한 삯군목자와 그를 따르는 무리들을 심판하여 지옥에 넣어 태우는 꺼지지 않는 불을 말하고 있습니다.

그러므로 하나님의 백성들은 성령을 받아야 하며 불은 절대로 받으면 안 되는 것입니다. 예수님은 이 세상에 구원과 심판을 하시기 위해서 오신 분으로 신앙생활을 하나님의 뜻대로 행하는 자는 성령으로 구원하시고 하나님의 뜻을 벗어나 자기 욕심대로 하는 자들은 불로 심판하시는 것입니다. 그러므로 예수님께서 자기 욕심대로 신앙생활을 하고 있는 유대인들에게 너희는 내가 평강을 주러 온 줄로 생각하지 말라고 하시면서 나는 불을 던지러 왔다고 말씀하신 것입니다. 이와 같이 예수님은 예수님의 말씀을 믿고 따른 열두 제자들은 구원을 하셨지만 예수님의 말씀을 믿지 않은 유대인들은 심판을 하신 것입니다. 결국 예수님의 말씀이 구원받은 제자들에게는 성령이 된 것이며 심판을 받은 유대인들에게는 불이 된 것입니다.

이렇게 예수님의 말씀을 영접하여 하나님의 아들로 거듭난 알곡들은 천국 곡간에 들이고 예수님의 말씀을 배척한 쭉정이들은 꺼지지 않는 불 속에 넣어 태우시는 것입니다. 예수님은 하나님의 말씀을 모르면서 오직 예수의 이름만 가지고 주의 일을 행한 자들이 곧 쭉정이라고 말씀하시는 것입니다. 결국 주님의 이름을 안다는 것은 곧 주님의 말씀을 안다는 것이며 주의 일이란 오직 주님의 뜻에 따라서 생명의 말씀으로 죽은 영혼들을 살리는 것을 말하고 있습니다.

하나님의 뜻에 따라 주의 일을 행한 예수님의 제자들을 보면 삼년 반 동안 예수님을 믿고 따르며 그 입에서 나오는 생명의 말씀을 먹고 거듭난 후 사도가 되어 오직 주님의 뜻에 따라 생명의 말씀으로 죽은 영혼을 살리는 일을 행한 것입니다. 이렇게 예수님이나 사도들이 하나님의 뜻에 따라 죽어가는 영혼들을 생명의 말씀으로 살린 일들이 하나님께서 기뻐하시는 일입니다. 그런데 거짓목자나 삯군목자들은 살려야 할 영혼들을 가감된 말씀으로 죽이고 있는 것입니다. 하나님의 말씀을 가감한 것은 누룩이며 영혼들을 죽이는 독과 같은 것입니다. 그러므로 마지막 심판 때 모두 자기가 한 말에 대하여 심판을 받게 되는 것입니다.

[마태복음 12장 36절-37절] 내가 너희에게 이르노니 사람이 무슨 무익한 말을 하든지 심판 날에 이에 대하여 심문을 받으리니 네 말로 의롭다 함을 받고 네 말로 정죄함을 받으리라.

오늘날 기독교인들은 하나님의 말씀으로 전도를 하며 복음도 열심히 전하고 있습니다. 그러나 복음을 열심히 전하는 목적이 누구를 위한 것인가를 생각해보아야 합니다. 왜냐하면 목회자들이나 교인들이 말씀을 전하며 전도하는 목적이 영혼을 구원하고 살리려는 마음보다 자기 교회를 크게 부흥시키기 위한 욕심으로 하고 있기 때문입니다. 만일 복음을 전파하는 것이나 전도하는 일들이 자기교회의 성장을 위한 목적으로 욕심을 가지고 한다면 그것은 오히려 정죄를 받게 된다는 것을 알아야 합니다.

이렇게 하나님의 이름이나 예수님의 이름을 이용하여 자신이나 자기교회의 이익을 위해 복음을 전한다면 오히려 정죄를 받게 되는 것입니다. 즉 하나님의 말씀을 가지고 자기 욕심을 채우기 위해 사용한다면 이런 것이 바로 하나님의 이름을 망령되이 일컫는 행위입니다. 그러나 하나님의 말씀을 오직 죽은 영혼을 구원하기 위하여 진실한 마음으로 전하는 자는 심판 날에 하나님으로부터 의롭다함을 받게 되는 것입니다.

　오늘날 기독교인들은 신앙생활을 하는 동안 자신이 행하고 있는 말이나 행동이 선, 악간에 모두 생명책과 행위록에 기록된다는 사실을 알아야 합니다.

　[요한계시록 20장 12절-15절] 또 내가 보니 죽은 자들이 무론 대소하고 그 보좌 앞에 섰는데 책들이 펴 있고 또 다른 책이 펴졌으니 곧 생명책이라 죽은 자들이 자기 행위를 따라 책들에 기록된 대로 심판을 받으니 바다가 그 가운데서 죽은 자들을 내어주고 또 사망과 음부도 그 가운데서 죽은 자들을 내어주매 각 사람이 자기의 행위대로 심판을 받고 사망과 음부도 불 못에 던지우니 이것은 둘째 사망 곧 불 못이라 누구든지 생명책에 기록되지 못한 자는 불 못에 던지우더라.

　위의 말씀은 하나님의 백성들이 이 세상에서 신앙생활하면서 행하고 있는 모든 일들이 생활기록부에 기록되듯이 선악간의 모든 행위들이 생명책과 행위록에 기록된다는 것입니다. 그러므로 이 세상에서 하나님의 뜻에 따라 올바른 신앙생활을 한자들은 생명록에 기록되어 천국에서 살게 되지만 하나님의 이름을 가지고 자신의 뜻이나 욕심을 채우기 위해서 신앙생활을 한자들은 행위 록에 기록된 대로 심판을 받아 불 못에 들어가게 되는 것입니다. 이렇게 하나님께서는 우리의 언행심사를 항상 눈동자와 같이 지켜보시면서 행위록과 생명록에 기록하여 마지막 날에 기록된 대로 심판하신다는 것을 알아야 합니다.

이와 같이 기독교인들이 예수님을 믿고 신앙생활을 열심히 한다하여 모두 천국에 가는 것이 아니라 하나님의 뜻에 따라 올바른 신앙생활을 해야만 천국으로 들어가는 것입니다. 그러므로 하나님의 말씀을 망령되이 일컫지 않으려면 하루속히 오염된 비진리와 거짓선지자들을 떠나서 오늘날 하나님께서 우리에게 보내주시는 참 목자를 찾아 그 입에서 나오는 생명의 말씀을 먹어야 합니다.

주님께서 주기도문을 통해서 오늘날 우리에게 일용할 양식을 달라고 기도하라는 뜻은 우리가 식사 때 마다 먹는 밥이 아니라 오늘날 하나님께서 보내주시는 하나님의 아들로부터 생명의 말씀을 달라고 기도하라는 뜻입니다. 이렇게 오늘날 하나님께서 보내주시는 하나님의 아들로부터 오늘날의 양식, 즉 생명의 말씀을 날마다 먹을 때 하나님의 생명으로 거듭나 하나님의 아들이 되는 것입니다.

# 눈물

가슴이 무너져 내리는 눈물은
하늘이 무너져 내리는
여름 장마비 같구나
비야 비야 어서 내려라
온 세상이 더러워진 것을
깨끗이 씻어주고
가슴에 앙금처럼 가라앉은
더러운 찌끼도
주룩주룩 흐르는 눈물로
깨끗이 씻어서
눈물도 아픔도 고통도 없는
새 하늘과 새 땅이 되어라

# 십계명의 제4계명

안식일을 기억하여 거룩히 지키라.
엿새 동안은 힘써 네 모든 일을 행할 것이나
제 칠일은 너의 하나님 여호와의 안식일인즉
너나 네 아들이나 네 딸이나 네 남종이나 네 여종이나
네 육축이나 네 문안에 유하는 객이라도 아무 일도 하지 말라.
이는 엿새 동안에 나 여호와가 하늘과 땅과 바다와
그 가운데 모든 것을 만들고 제 칠일에 쉬었음이라.
그러므로 나 여호와가 안식일을 복되게 하여
그날을 거룩하게 하였느니라.

제 4계명: 안식일을 기억하여 거룩히 지키라
　　　여새 동안은 힘써 네 모든 일을 행할 것이
　　　나 제 칠일은 너의 하나님 여호와의 안식일
　　　인 즉 너나 네 아들이나 네 딸이나 네 남종
　　　이나 네 여종이나 네 육축이나 네 문안에
　　　유하는 객이라도 아무 일도 하지 말라. 이
　　　는 엿새 동안에 나 여호와가 하늘과 땅과
　　　바다와 그 가운데 모든 것을 만들고 제 칠
　　　일에 쉬었음이라. 그러므로 나 여호와가 안
　　　식일을 복되게 하여 그날을 거룩하게 하였
　　　느니라.

### 1) 안식일을 기억하여 거룩히 지키라

　십계명의 제 4계명은 하나님께서 하나님의 백성들에게 안식일을 기억하여 거룩하게 지키라는 말씀입니다. 하나님을 믿고 섬기는 하나님의 백성들에게 안식일은 그 어느 날보다도 중요한 날입니다. 왜냐하면 안식일은 하나님의 백성들이 정성껏 준비한 예물을 가지고 성전에 들어가서 하나님께 제사를 드리는 날이기 때문입니다. 안식일의 성경적 근거는 창세기 1장에 하나님께서 땅을 육일동안 말씀으로 창조하시고 일곱째 되는 날에 창조를 마치고 일곱째 날을 복 주어 거룩하게 하시고 그 날 안에서 안식하신 것입니다. 그리고 성경에서 말씀하고 있는 안식일은 금요일 해질 때부터 토요일 해질 때까지를 말하고 있습니다. 그런데 하나님의 백성들이 하나님께서 성경을 통하여 거룩히 지키라고 명하신 안식일(토요일)을 어느 때부터인가 일요일로 변경하여 지키고 있는 것입니다.

그러므로 오늘날 기독교인들은 안식일이 일요일로 변경하게 된 배경과 하나님께서 말씀하고 계신 안식일의 중요성, 그리고 안식일의 실체는 영적으로 무엇을 말하고 있는지를 분명히 알아야 합니다. 안식일이 일요일로 바뀌게 된 시점은 로마 황제 콘스탄티누스 대제가 기독교를 최초로 공인하면서 대제에 의해서 변경하게 된 것입니다. 왜냐하면 콘스탄티누스 대제가 일요일을 공휴일로 제정하여 일요일 날은 모두가 쉬는 날이기 때문에 교회들이 공휴일인 일요일을 안식일로 정하여 지키게 된 것입니다.

그런데 오늘날 기독교인들이 안식일을 주일날로 지키는 이유는 예수님께서 안식 후 첫날에 부활하셨기 때문에 예수님이 부활하신 일요일을 안식일로 지키는 것이라 말하고 있습니다. 그러나 안식일은 하나님께서 정해주신 영원한 규례이며 명령이기 때문에 인간들이 함부로 변경해서는 안 되는 것입니다. 때문에 지금도 안식일을 지키는 안식교회가 존재하게 된 것입니다.

그러므로 유대인들이나 안식일을 중시하는 일부 교파에서는 지금도 안식일을 하나님께서 명하신대로 금요일 저녁부터 토요일 저녁까지로 지키고 있는 것입니다. 이렇게 안식교인들은 성경대로 토요일을 안식일로 그리고 기독교인들은 주님이 부활하신 주일날을 안식일로 각기 날들을 거룩히 지키고 있습니다. 그런데 하나님께서 말씀하고 계신 안식일이 영적으로 무엇을 말하는지 그리고 안식일의 실체는 과연 무엇인지는 모르고 안식일을 지키고 있다는 것입니다.

이제 하나님께서 모세를 통하여 하나님의 백성들에게 명하고 계신 안식일의 의미와 예수님께서 말씀하신 안식일의 영적인 뜻을 알아보기로 하겠습니다.

[출애굽기 31장 12절-17절] 여호와께서 모세에게 일러 가라사대 너는 이스라엘 자손에게 고하여 이르기를 너희는 나의 안식일을 지키라. 이는 나와 너희 사이에 너희 대대의 표징이니 나는 너희를 거룩하게 하는 여호와인줄 너희로 알게 함이라. 너희는 안식일을 지킬찌니 이는 너희에게 성일이 됨이라. 무릇 그

날을 더럽히는 자는 죽일찌며 무릇 그 날에 일하는 자는 그 백성 중에서 그 생명이 끊쳐지리라. 엿새 동안은 일할 것이나 제 칠일은 큰 안식일이니 여호와께 거룩한 것이라. 무릇 안식일에 일하는 자를 반드시 죽일찌니라. 이같이 이스라엘 자손이 안식일을 지켜서 그것으로 대대로 영원한 언약을 삼을 것이니 이는 나와 이스라엘 자손 사이에 영원한 표징이며, 나 여호와가 엿새 동안에 천지를 창조하고 제 칠일에 쉬어 평안하였음이니라 하라.

상기의 말씀은 너무나 두렵고 떨리는 말씀입니다. 왜냐하면 하나님께서 하나님의 백성들에게 너희는 안식일을 거룩히 지키라고 말씀하시면서 만일 그 날을 더럽히는 자는 반드시 죽인다고 말씀하시기 때문입니다. 그보다 이 계명은 그 당시 이스라엘 백성들뿐만 아니라 그 후손들도 대대로 지켜야 할 영원한 언약이라고 말씀하고 있기 때문입니다. 그렇다면 이 계명은 오늘날 기독교인들에게도 동일하게 해당이 된다는 것입니다.

하나님의 백성들이 안식일을 거룩히 지켜야만 하는 이유는 하나님이 안식하시는 안식일이 하나님의 백성들에 의해서 더럽혀지면 절대로 안 되기 때문입니다. 문제는 인간들이 어떻게 안식일을 더럽게 할 수 있으며 또한 안식일을 거룩히 지킬 수 있느냐 하는 것입니다. 그런데 안식일을 거룩히 지키지 못하는 것보다 더 큰 문제는 하나님께서 지키라는 안식일을 기독교인들 마음대로 날을 바꾸어 일요일로 지키고 있다는 것입니다.

하나님께서 제 3계명을 통해서 여호와 하나님의 이름, 즉 하나님의 말씀을 망령되이 함부로 변경하지 말라고 엄히 명하고 계시는데도 불구하고 기독교인들은 하나님께서 거룩히 지키라고 명하신 안식일을 함부로 주일로 바꾸어 지키고 있는 것입니다. 때문에 오늘날 기독교회 중에는 안식일을 거룩히 지키려는 안식교회들이 존재하고 있는 것입니다.

그런데 유대인들이나 오늘날 안식일을 지키는 안식교인들도 안식일의 영적인 의미를 모르는 상태에서 안식일, 즉 금요일 저녁부터 토요일 저녁까지 만 하루(24시간)를 거룩히 지키고 있다는 것입니다. 때문에 안식교인들은 안식일날 아무 일도 하지 않고 먹는 음식도 누룩이 들어가지 않는 빵이나 떡을 직접 만들어 먹으며 차량도 운행하지 않고 있습니다. 그러므로 안식교인들은 자신들은 안식일을 거룩히 지키기 때문에 천국에 들어가지만 오늘날 기독교인들은 안식일을 범하고 있기 때문에 지옥으로 들어간다고 말하고 있습니다.

문제는 안식일을 어떤 날 어떻게 지키느냐 보다 하나님께서 거룩하게 지키라는 안식일의 실체가 무엇인지 그리고 안식일이 영적으로 무엇을 말씀하고 있는지를 아는 것이 더 중요하다는 것입니다. 왜냐하면 하나님께서 지키라는 안식일을 모른다면 안식일을 아무리 거룩히 지켜도 아무 소용이 없기 때문입니다. 그러므로 하나님께서 창세기를 통해서 말씀하고 계신 제 칠일의 영적인 의미와 하나님께서 안식하신 안식일은 과연 어떤 의미로 말씀하고 계신지를 아는 것이 무엇보다 중요한 것입니다.

그러면 하나님께서 말씀하고 계신 안식일의 영적인 실체와 제 칠일의 의미는 과연 무엇일까요? 하나님의 말씀은 모두 비유와 비사로 감추어져 있기 때문에 하나님께서 말씀하고 계신 안식일의 비밀을 아는 것은 매우 힘들고 어렵다는 것입니다. 왜냐하면 기독교 역사 이천년 지난 지금까지 안식일의 실체를 모르는 상태에서 모두 "날"을 거룩히 지키고 있기 때문입니다. 그러므로 하나님께서 말씀하시는 안식일의 실체를 반드시 알아야 합니다. 안식일을 알려면 안식이라는 단어 보다 먼저 날이라는 단어의 영적인 뜻을 알아야 합니다. 날은 원문성경에 "욤(םוֹי)" 이라 기록되어 있으며 뜻은 날이라는 의미보다 존재라는 의미를 가지고 있습니다.

그러므로 하나님께서 거룩히 지키라는 안식일은 어느 한 날을 말하는 것이 아니라 거룩한 존재를 말하고 있습니다. 왜냐하면 하나님이 안식하고 계신 곳은 날이 아니라 하나님의 말씀으로 창조하여 완성된 거룩한 존재(하나님의 아들)들 안이기 때문입니다. 이렇게 하나님께서 안식하고 계신 안식일은 날을 말하는 것이 아니라 하나님의 아들을 말씀하고 있는 것입니다. 성경을 자세히 살펴보면 날이 하루를 말하는 것이 아니라 존재, 즉 하나님의 백성들을 비유하여 말씀하신 것을 분명히 알 수 있습니다.

[시편 19장 1절-4절] 하늘이 하나님의 영광을 선포하고 궁창이 그 손으로 하신 일을 나타내는 도다. 날은 날에게 말하고 밤은 밤에게 지식을 전하니 언어가 없고, 들리는 소리도 없으나, 그 소리가 온 땅에 통하고 그 말씀이 세계 끝까지 이르도다.

상기의 말씀은 하늘이 하나님의 영광을 선포하고 궁창이 그 손으로 하신 일을 나타낸다고 말씀하고 있습니다. 또한 날은 날에게 말을 하고 밤은 밤에게 지식을 전한다고 말씀하고 있습니다. 그런데 어떤 사람이 하늘이 하나님의 영광을 선포하고 날이 말을 하며 밤이 지식을 전한다고 말한다면 이러한 말을 믿을 사람이 없는 것은 물론 이렇게 말하는 사람은 정신병자나 미친 사람으로 취급을 할 것입니다. 그러므로 본문에서 말씀하고 있는 하늘이나 날이나 밤은 푸른 하늘이나 낮과 밤을 말씀하신 것이 아니라 인간들의 존재를 영적인 차원대로 비유하여 말씀하신 것임을 알아야 합니다.

이와 같이 하나님께서 비유로 말씀하신 하늘이나 날이나 밤은 모두 인간들의 존재를 가리키는 것으로 하늘이나 날은 빛의 존재들을 말하는 것이며, 땅이나 밤은 어둠의 존재들을 말씀하고 있는 것입니다.

[창세기 1장 5절] 빛을 낮이라 칭하시고 어둠을 밤이라 칭하시니라.

상기의 말씀에 낮이라는 단어는 원문에 욤(יוֹם)으로 분명히 날을 말씀하며 어둠은 밤이라 말씀하고 있습니다. 그러므로 빛을 낮이라 칭하셨다는 말씀은 날이 곧 빛이라는 것을 말씀하신 것인데, 성경에서 빛은 곧 빛의 아들들을 말하며 밤은 어둠의 아들들을 말하고 있습니다.

[에베소서 5장 8절] 너희가 전에는 어두움이더니 이제는 주 안에서 빛이라 빛의 자녀들처럼 행하라.

　상기의 말씀에 전에 어두움 속에 있던 너희는 유대인들이나 오늘날 기독교인들을 말하는 것이 아니라 애굽의 어둠 속에서 벗어나 광야를 거쳐 빛이 있는 가나안 땅에 들어간 자들을 말하고 있습니다. 왜냐하면 어둠은 진리가 없는 애굽의 존재들을 말하며 빛은 가나안, 즉 주안에 있는 자들을 말하기 때문입니다. 그러므로 이 말씀은 너희가 전에는 어둠에 속해 있더니 이제는 주로 말미암아 빛이 되었으니 빛의 자녀들처럼 행동하라는 것입니다. 이와 같이 성경에서 말씀하고 있는 날은 모두 빛의 존재를 말하기 때문에 안식일, 즉 안식의 날도 날을 말하는 것이 아니라 하나님이 안식하고 계신 존재를 말하고 있는 것입니다. 창세기에서 하나님이 안식하고 계신 날을 칠일로 말씀하고 있는데 칠일도 일곱 번째 되는 날을 말하는 것이 아니라 하나님이 안식하시는 존재를 말하고 있습니다.

이상과 같이 하나님께서 말씀하시는 제 칠일이나 안식일은 날이나 시제의 개념이 아니라 하나님의 아들들을 비유로 말씀하고 있는 것입니다. 창세기 2장의 말씀을 통해서 제 칠일과 안식일에 대하여 좀더 자세히 살펴보기로 하겠습니다.

　[창세기 2장 1절-3절] 천지와 만물이 다 이루니라. 하나님의 지으시던 일이 일곱째 날이 이를 때에 마치니 그 지으시던 일이 다하므로 일곱째 날에 안식하시니라. 하나님이 일곱째 날을 복 주사 거룩하게 하셨으니 이는 하나님이 그 창조하시며 만드시던 모든 일을 마치시고 이 날에 안식하셨음이더라.

　이 말씀은 하나님께서 첫째 날을 순서에 따라 여섯째 날까지 차례대로 말씀으로 창조하신 일이 완성되므로 창조하시던 일을 모두 마치시고 일곱째 날에 안식하셨다는 뜻입니다. 하나님께서 첫째 날을 육일동안 말씀으로 창조하여 여섯째 날을 만드신 것은 하나님께서 안식하실 처소인 일곱째 날에 들어가 안식하려는 것입니다. 그러므로 하나님께서 창조하신 날들이나 안식하실 처소는 날이 아니라 사람의 존재, 즉 하나님의 백성들을 비유하여 말씀하신 것입니다. 즉 첫째 날은 물고기 둘째 날은 기는 짐승 셋째 날은 들짐승 넷째 날은 육축 다섯째 날은 여자 여섯째 날은 남자로 비유하여 말씀하신 것입니다. 이렇게 하나님께서 혼돈하고 공허하며 흑암이 깊음 위에 있는 땅의 존재를 하나님의 말씀으로 육일 동안 창조하신 것은 일곱째 날 안에 들어가서 안식하시기 위함입니다.

이러한 창조의 과정을 통해서 말씀으로 창조된 일곱째 날이 곧 하나님이 안식하고 계신 하나님의 아들인 것입니다. 때문에 예수님께서 아버지가 내안에 계시다고 말씀하신 것이며 또한 예수님 안에 하나님이 안식하고 계시기 때문에 내가 안식의 주인이라 말씀하신 것입니다. 이렇게 하나님께서 말씀하고 계신 안식일이나 칠일은 날이 아니라 바로 말씀으로 완성된 존재, 즉 하나님의 아들을 말씀하고 있는 것입니다. 이와 같이 성령을 잉태할 수 있는 정결한 처녀 (마리아)는 다섯째 날의 존재를 말하며 하나님께서 안에 안식하고 계신 예수님은 일곱째 날을 말하고 있습니다. 세상에 수많은 여자들이 있었지만 오직 마리아에게 성령이 잉태된 것은 마리아가 곧 다섯째 날로 창조된 존재이었기 때문입니다.

이렇게 다섯째 날로 창조된 마리아는 정결한 처녀가 되었기 때문에 성령이 임하여 여섯째 날인 하나님의 아들로 태어나게 된 것입니다. 때문에 예수님을 하나님이 안식하고 계신 안식일 혹은 칠일이라 말씀하는 것입니다. 이렇게 하나님께서는 여섯째 날로 창조된 거룩한 존재 안에서 안식하고 계신데 이를 일곱째 날 혹은 안식일이라 말씀하시는 것입니다. 이와 같이 창세기에 하나님께서 여섯째 날을 만드시고 그 날을 복 주셔서 거룩하게 하신 것은 하나님께서 거룩하게 창조된 아들들 안에 들어가 안식하시기 위함입니다. 이렇게 하나님께서 안식하고 계신 일곱째 날을 하나님의 교회, 혹은 하나님의 성전이라 말씀하고 있는 것입니다.

[고린도전서 3장 16절] 너희가 하나님의 성전인 것과 하나님의 성령이 너희 안에 거하시는 것을 알지 못하느뇨.

상기의 말씀은 너희가 곧 하나님의 성전이라는 것과 하나님의 성령이 바로 너희 안에 계신다는 말씀입니다. 그런데 기독교인들은 성령이 거하시는 성전이 어느 누구를 말씀하고 있는지도 모르면서 성령은 바로 내 안에 있다고 말하고 있습니다. 그러나 하나님의 성령이 계신 성전, 즉 하나님의 교회는 바로 예수님과 예수님으로 말미암아 하나님의 아들로 거듭난 사도들을 말하고 있습니다. 이렇게 성령은 하나님의 백성들 안에 계신 것이 아니라 하나님의 말씀으로 창조되어 하나님의 생명으로 거듭난 하나님의 아들들 안에 계신 것입니다.

이와 같이 하나님께서 제 4계명을 통하여 말씀하고 계신 안식일은 날의 개념이 아니라 존재의 개념으로 하나님의 말씀으로 거룩하게 된 하나님의 아들들을 말씀하고 있는 것입니다. 이렇게 하나님께서는 하나님의 백성들을 육일 동안 말씀으로 창조하셔서 거룩하게 창조된 하나님의 아들들 안에서 안식하고 계신 것입니다. 따라서 하나님은 예수님 안에서 안식하고 계시지만 예수님은 예수님에 의해서 말씀으로 창조된 사도들 안에서 안식하고 계신 것입니다. 성경의 여러 부분에서 유대인들이 안식일에 일하시는 예수님을 보고 안식일을 범한다고 정죄하는 것을 볼 수 있습니다. 그런데 예수님은 유대인들에게 내가 안식일의 주인이라고 말씀하신 것은 예수님 자신이 바로 안식일의 존재들을 창조하고 주관하는 주인이라는 뜻으로 말씀하신 것입니다.

[마가복음 2장 27절-28절] 또 가라사대 안식일은 사람을 위하여 있는 것이요. 사람이 안식일을 위하여 있는 것이 아니니

이러므로 인자는 안식일에도 주인이니라.

　상기의 말씀을 보면 예수님께서 안식일은 사람을 위하여 있는 것이지 사람이 안식일을 위하여 있는 것이 아니라는 말씀입니다. 이 말은 예수님께서 사람들에게 안식을 주시기 위하여 있는 것이지 사람들이 예수님께 안식을 주기 위하여 있는 것이 아니라는 뜻입니다. 그러므로 예수님께서 안식일의 주인이라고 말씀하신 것은 예수님이 곧 하나님이 안식하실 처소를 창조하시는 분이시며 또한 하나님의 아들로 창조된 안식일들을 주관하는 주인이라는 뜻으로 말씀하신 것입니다. 이와 같이 제 칠일은 하나님의 말씀으로 창조된 하나님의 아들들을 가리키는 말이며, 하나님은 말씀으로 창조된 아들들 안에서 안식하신다는 말씀입니다.

　그러므로 하나님께서 하나님의 백성들에게 안식일을 기억하여 거룩히 지키라는 말씀은 안식일, 즉 하나님의 아들이 주는 말씀을 잘 듣고 받아서 마음속에 거룩히 간직하라는 말씀입니다. 그런데 안식, 즉 예수님께서 주시는 말씀을 거룩하게 보존하지 않고 오염시키거나 변질시킨다면 그것이 곧 안식일을 범하는 것이며 하나님은 이런 자들을 반드시 멸하시겠다는 것입니다.

이와 같이 하나님께서 안식일을 기억하여 거룩히 지키라는 말씀은 하나님의 백성들을 말씀으로 창조하여 하나님의 아들을 만드시기 위함이며 또한 하나님은 말씀으로 거룩하게 창조된 하나님의 아들들 안에서 안식하시기 위함입니다. 그런데 하나님의 백성들이 신앙생활을 열심히 하면서도 안식에 들어가지 못한 것은 마음이 강퍅하여 말씀에 순종하지 못한 것과 하나님의 약속을 믿지 않았기 때문이라 말씀하고 있습니다.

　[히브리서 3장 15절-19절] 성경에 일렀으되 오늘날 너희가 그의 음성을 듣거든 노하심을 격동할 때와 같이 너희 마음을 강퍅케 하지 말라 하였으니 듣고 격노케 하던 자가 누구뇨 모세를 좇아 애굽에서 나온 모든 이가 아니냐 또 하나님이 사십 년 동안에 누구에게 노하셨느뇨 범죄하여 그 시체가 광야에 엎드러진 자에게가 아니냐 또 하나님이 누구에게 맹세하사 그의 안식에 들어오지 못하리라 하셨느뇨 곧, 순종치 아니하던 자에게가 아니냐 이로 보건데 저희가 믿지 아니하므로 능히 들어가지 못한 것이라.

　하나님의 백성들이 안식의 땅에 들어가지 못한 것은 마음이 강퍅하여 말씀에 불순종한 것과 하나님의 약속을 믿지 않음이라 말씀하고 있습니다. 그러므로 기독교인들도 오늘날 아들의 음성을 듣거든 마음을 강퍅케 하지 말라는 것입니다.

하나님의 백성들이 하나님의 말씀에 순종하지 않는 것은 마음이 강퍅하기 때문인데 마음이 강퍅한 것은 하나님의 약속을 믿지 않기 때문입니다. 왜냐하면 하나님의 백성들이 애굽에서 믿고 섬기던 다른 하나님은 잘 믿고 순종을 잘 하는데 광야와 가나안에 계신 참 하나님은 믿지 않기 때문입니다.

여기서 말씀하고 있는 안식은 존재를 말하는 것이 아니라 장소를 말하는 것으로 가나안 땅을 말하고 있습니다. 그러나 가나안 땅에 들어가서 하나님이 안식하는 아들이 되려면 모세와 여호수아(예수)의 말을 잘 듣고 순종을 해야 하는 것입니다.

하나님께서 모세를 통하여 이스라엘 백성들을 출애굽을 시켜 광야의 사십년 길을 걷게 하신 것은 그들로 하여금 영원한 안식의 땅에 들어가 하나님의 아들로 거듭나게 하기 위함이었습니다. 그런데 이스라엘 백성들이 불순종함으로 안식의 땅에 들어가지 못하고 하나님의 말씀에 순종한 여호수아와 갈렙만 가나안 땅에 들어간 것입니다.

그러므로 오늘날 기독교인들도 그의 음성, 즉 오늘날 하나님께서 보내주시는 아들의 음성을 들으면 강퍅한 마음을 버리고 겸손한 마음으로 순종해야 하는 것입니다.

2) 엿새 동안은 힘써 네 모든 일을 행할 것이나 제 칠일은 너의 하나님 여호와의 안식일인즉 너나 네 아들이나 네 딸이나 네 남종이나 네 여종이나 네 육축이나 네 문안에 유하는 객이라도 아무 일도 하지 말라. 이는 엿새 동안에 나 여호와가 하늘과 땅과 바다와 그 가운데 모든 것을 만들고 제 칠일에 쉬었음이라. 그러므로 나 여호와가 안식일을 복되게 하여 그 날을 거룩하게 하였느니라.

하나님께서 엿새 동안은 힘써 네 모든 일을 행할 것이나 제 칠일은 너의 하나님 여호와의 안식일인즉 너나 네 아들이나 네 딸이나 네 남종이나 네 여종이나 네 육축이나 네 문안에 유하는 객이라도 아무 일도 하지 말라고 명하고 계십니다. 왜냐하면 하나님께서 엿새 동안에 하늘과 땅과 바다와 그 가운데 모든 것을 만들고 제 칠일에 쉬었기 때문이라는 것입니다. 때문에 하나님의 백성들은 엿새 동안은 열심히 자신의 일을 하고 안식일 날은 아무 일도 하지 않고 교회에 가서 하나님께 제사를 드리는 것입니다.

그런데 하나님께서 엿새 동안 하라는 일이 어떠한 일을 말하고 있느냐는 것입니다. 왜냐하면 하나님께서 말씀하시는 날은 안식일과 칠일에서 말씀드렸듯이 날이 아니라 모두 존재를 말씀하고 있기 때문입니다.

　그러므로 하나님께서 말씀하시는 육일도 날이 아니라 네 아들과 네 딸과 네 남종과 네 여종과 네 육축과 네 문안에 유하는 객을 비유하여 말씀하신 것입니다. 즉 첫날은 객이며 둘째 날은 육축이며 셋째 날은 여종이며 넷째 날은 남종이며 다섯째 날은 딸이며 여섯째 날은 아들을 비유하여 말씀 하고 있는 것입니다. 이러한 엿새 날의 존재들은 각기 엿새 동안 열심히 일을 해야 칠일로 완성되기 때문입니다. 즉 엿새 동안 열심히 일을 해야 첫째 날이 둘째 날로 거듭나고 둘째 날이 셋째 날로 거듭나고 셋째 날이 넷째 날로 거듭나고 넷째 날이 다섯째 날로 거듭나고 다섯째 날이 여섯째 날로 거듭나서 칠일로 완성되는 것입니다. 하나님은 이렇게 칠일로 완성된 칠일에게 복(생명)을 주시고 거룩하게 하신 그 칠일 안에서 안식하시는 것입니다. 그러므로 하나님의 말씀으로 엿새 동안 열심히 창조 받아 칠일로 완성된 자는 아무 일도 하지 말라는 것입니다. 왜냐하면 칠일은 하나님께서 날을 창조하시는 일이 모두 완성된 존재, 즉 하나님이 거하시는 하나님의 아들이기 때문입니다.

　이렇게 하나님은 말씀으로 창조를 받아 완성 된 칠일 안에서 안식하고 계시기 때문에 칠일이 곧 하나님의 아들이

신 것입니다.

이와 같이 하나님은 이스라엘 민족이나 유대인들만을 구원시키는 것이 아니라 하나님을 믿고 그 뜻대로 순종하는 자들은 종이나 육축이나 객이라도 모두 구원하여 하나님의 아들을 만드시겠다는 것을 말씀하고 있는 것입니다. 갈라디아서 3장을 보면 그리스도, 즉 하나님의 아들을 통해서 세례를 받으면 인종이나 신분에 관계없이 누구나 그리스도의 옷을 입어 하나님의 아들이 된다고 말씀하고 있습니다.

[갈라디아서 3장 27절-29절] 누구든지 그리스도와 합하여 세례를 받은 자는 그리스도로 옷 입었느니라. 너희는 유대인이나 헬라인이나 종이나 자주 자나 남자나 여자 없이 다 그리스도 예수 안에서 하나이니라. 너희가 그리스도께 속한 자면 곧 아브라함의 자손이요 약속대로 유업을 이을 자니라.

그리스도와 합하여 세례를 받은 자는 유대인이나 헬라인이나 종이나 자주 자나 남자나 여자 없이 그리스도의 옷을 입은 자요 그리스도 예수 안에서 모두 하나라고 말씀하고 있습니다. 이렇게 그리스도에 의해서 세례를 받은 자는 그리스도께 속한 자로 곧 아브라함의 자손이요 약속대로 유업을 이을 자라는 것입니다. 이렇게 예수를 믿는다 해서 누구든지 구원을 받아 유업을 이을 상속자가 되는 것이 아니라, 그리스도와 합하여 세례를 받아서 그리스도의 옷을 입은 자가 상속을 받게 된다는 것입니다. 오늘날 기독교인이라면 누구나 세례를 받고 세례증서까지 받아가지고 있습니다.

그런데 기독교인들이 교회에서 목사님들로부터 받은 세례는 외적인 표면적 세례로 하나님께서 인정하는 세례가 아닙니다. 세례는 표면적 세례와 이면적 세례가 있는데, 표면적 세례는 교회 의식으로 하는 물세례이며 이면적 세례는 그리스도의 말씀으로 더러워진 마음을 깨끗이 씻는 것을 말합니다.

이렇게 말씀으로 세례를 받은 자는 그리스도의 옷, 즉 세마포를 입은 자이며, 이런 자들이 바로 예수와 한 몸이 된 자로서 하나님의 유업을 이을 자인 것입니다. 그러므로 로마서 9장을 통해서 하나님이나 예수님을 믿는다 해서 모두 이스라엘이나 아브라함의 자녀가 아니라 이삭으로부터 난 자가 하나님의 자녀라 말씀하시는 것입니다.

[로마서 9장 6절-8절] 또한 하나님의 말씀이 폐하여진 것 같

지 않도다. 이스라엘에게서 난 그들이 다 이스라엘이 아니요, 또한 아브라함의 씨가 다 그 자녀가 아니라 오직 이삭으로부터 난 자라야 네 씨라 칭하리라 하셨으니 곧 육신의 자녀가 하나님의 자녀가 아니라 오직 약속의 자녀가 씨로 여기심을 받느니라.

　상기의 말씀과 같이 하나님을 믿는 이스라엘 민족이라 하여도 모두가 하나님의 자녀가 아니며 또한 아브라함에게서 난 아브라함의 자녀도 모두가 하나님의 자녀가 아니라고 말씀하고 있습니다. 이 말씀은 하나님과 예수님을 아무리 열심히 믿어도 아직 하나님의 말씀으로 거듭나지 못한 자들은 하나님의 자녀가 아니라는 뜻입니다. 그러므로 예수님이나 사도들과 같이 하나님의 말씀으로 거듭난 하나님의 아들들에 의해서 낳음을 받은 자들만이 하나님의 자녀라는 것입니다. 이렇게 예수를 믿는다고 하여 모두 하나님의 자녀가 아니라 사도바울이 복음으로 낳은 디모데와 디도와 같이 오늘날 하나님의 아들로부터 생명의 말씀을 받아 낳음을 받은 자가 곧 하나님의 자녀인 것입니다.
　이상과 같이 하나님은 예수를 믿는다하여 어느 누구에게나 들어가 안식하시는 것이 아니라 안식일, 곧 하나님이 안식하고 계신 하나님의 아들이 주시는 말씀으로 엿새 동안 창조를 받아 거룩하게 된 하나님의 아들들 안에서 안식하고 계신 것입니다.

그럼에도 불구하고 오늘날 삯군목자들은 하나님께서 말씀하시는 안식일과 전혀 관계없이 예수를 믿기만 하면 누구나 하나님의 아들이 되었다고 교인들을 속이고 있는 것입니다.

# 십계명의 제5계명

네 부모를 공경하라.
그리하면 여호와가 네게 준 땅에서 네 생명이 길리라

제 5계명: 네 부모를 공경하라
　　그리하면 여호와가 네게 준 땅에서 네 생명이 길리라


　제 5계명은 "네 부모를 공경하라"는 말씀입니다. 왜냐하면 네 부모를 잘 공경하면 여호와 하나님이 네게 준 땅에서 네 생명이 길기 때문이라는 것입니다. 그러면 네가 공경해야 할 부모는 어떤 부모를 말하는 것일까요? 오늘날 기독교인들은 십계명 자체를 중요하게 여기지 않지만 특히 5계명은 평소에 자기 부모를 잘 공경하고 있기 때문에 관심조차 없는 것입니다. 우리나라는 옛날부터 동방예의지국이라 하여 웃어른을 잘 공경하며 예의가 바르고 항상 남에게 베푸는 삶을 살아왔습니다.

　이렇게 우리나라 사람들은 언행심사가 올바르고 마음이 깨끗하여 흰옷을 즐겨 입기 때문에 백의민족이라고도 말하고 있습니다. 이렇게 오늘날 기독교인들은 평소에 자기 부모를 잘 공경하고 있기 때문에 네 부모를 공경하라는 말씀은 도외시하고 있는 것입니다. 그런데 하나님께서 네 부모를 공경하라는 말씀은 네 육신의 부모를 공경하라는 말씀이 아니라 영적인 부모, 즉 여호와 하나님을 잘 공경하라는 말씀입니다. 그러므로 네 부모를 잘 공경하라는 말씀은 4계명인 안식일을 거룩하게 지켜 하나님의 생명으로 거듭난 하나님의 아들들에게 하시는 말씀입니다. 즉 하나님의 아들이신 예수님이나 사도들 그리고 오늘날 하나님의 생명으로 거듭난 하나님의 아들들에게 해당이 되는 계명이라는 것입니다. 왜냐하면 아직 하나님의 아들로 거듭나지 못한 애굽의 미물들은 물론 광야의 축생들이나 종들에게는 하나님께서 주인이시지 자기를 낳은 부모가 아니기 때문입니다. 그러므로 네 부모를 공경하라는 5계명은 지금 애굽교회의 교인들이나 광야에서 훈련받고 있는 종들에게는 해당이 되지 않는 것입니다. 이렇게 네 부모를 공경하라는 말씀은 출애굽을 하여 광야의 훈련을 마치고 가나안 땅에 들어가 하나님의 아들로 거듭난 자들에게 하시는 말씀입니다.

그러므로 하나님께서 네 부모를 공경하라는 말씀은 하나님의 백성들이 하루속히 하나님의 아들로 거듭나 하나님을 부모로 공경하라는 말씀입니다. 이렇게 하나님의 아들이 되어 하나님을 네 부모로 공경하면 안식의 땅에서 네 생명이 영원하다는 말씀입니다. 하나님께서는 죄인된 하나님의 백성들을 하나님의 아들로 창조하시기 위해서 이 세상에 예수님을 보내신 것이며 예수님께서는 하나님의 뜻대로 열두 제자들을 취하여 하나님의 아들들을 만드신 것입니다. 이렇게 예수님으로 말미암아 하나님의 아들로 거듭난 예수님의 사도들은 그때부터 종의 신분에서 벗어나 하나님의 아들이 되어 하나님을 부모로 공경하게 된 것입니다. 이와 같이 예수님은 영혼들을 구원하여 영원한 생명을 주시기 위해서 세상에 빛(구원자)으로 오셨지만 하나님의 백성들은 예수를 모르고 영접하지 않은 것입니다.

[요한복음 1장 9절-13절] 참 빛 곧 세상에 와서 각 사람에게 비취는 빛이 있었나니 그가 세상에 계셨으며 세상은 그로 말미암아 지은 바 되었으되 세상이 그를 알지 못하였고 자기 땅에 오매 자기 백성이 영접지 아니하였으나 영접하는 자 곧 그 이름을 믿는 자들에게는 하나님의 자녀가 되는 권세를 주셨으니 이는 혈통으로나 육정으로나 사람의 뜻으로 나지 아니하고 오직 하나님께로서 난 자들이니라.

상기의 말씀에 참 빛은 세상의 죄인들을 구원하시기 위해서 오신 예수님을 말씀하고 있습니다. 그런데 예수님께서 자기 땅, 즉 유대 땅에 하나님의 백성들을 구원하러 오셨는데 유대인들이 예수님을 영접하지 않았다고 말씀하고 있습니다. 그러므로 예수를 영접하는 자 곧 그 이름(말씀)을 믿는 자들에게는 하나님의 자녀가 되는 권세를 주시겠다는 것입니다. 그런데 예수님을 구원자로 믿고 영접한 자들은 그 많은 유대인들 가운데 예수님의 열두 제자 밖에 없었다는 것입니다. 예수님을 믿고 그 말씀을 영접한 열두 제자들은 하나님의 자녀가 되는 권세를 받아 하나님의 아들로 거듭나게 된 것입니다. 그런데 예수님의 제자들이 하나님의 자녀가 된 것은 사람의 혈통으로나 육정으로나 사람의 뜻으로 낳은 것이 아니라 오직 하나님으로부터 난자들이라 말씀하고 있는 것입니다. 이렇게 하나님을 부모로 공경할 수 있는 자들은 사람들의 혈통이나 육정으로나 사람의 뜻으로 난 자들이 아니라 오직 하나님으로부터 난 하나님의 아들들을 말하고 있습니다.

하나님은 육신에 속하여 어둠에 종노릇 하다가 죽을 수밖에 없는 죄인들을 구원하시기 위하여 참 빛(예수 그리스도)을 이 땅에 보내주셨는데 세상, 즉 어둠에 갇혀있는 하나님의 백성들은 예수를 영접치 아니하였고 오히려 배척하고 핍박한 것입니다. 그러나 예수님을 하나님의 아들로 믿고 영접한 예수님의 열두 제자들은 하나님으로부터 하나님의 자녀가 되는 권세를 받아 하나님의 아들로 낳음을 받게 된 것입니다. 이렇게 하나님께서는 오늘날 기독교인들을 구원하여 하나님의 아들로 창조하기 위해서 하나님의 아들들을 지금도 보내주시지만 유대인들이 예수님을 믿지 않고 배척한 것처럼 오늘날 기독교인들도 오늘날 하나님께서 구원자로 보내주시는 하나님의 아들들을 믿지 않고 이단자로 배척을 하고 있는 것입니다.

그러므로 하나님께서 지금도 말씀하시기를 너희는 형제를 사랑하며 손님 대접하기를 계속하라고 말씀하시는 것입니다. 왜냐하면 손님 대접을 잘하면 부지중에 천사, 즉 오늘날의 구원자들을 만날 수 있기 때문입니다. 이와 같이 오늘날도 하나님께서 이 시대에 구원자로 보내주시는 하나님의 아들들을 만나서 그를 믿고 그의 말씀을 영접한다면 어느 누구나 하나님의 생명으로 거듭나서 하나님의 자녀가 되어 하나님을 부모로 공경하며 살게 되는 것입니다.

오늘날 기독교인들의 가장 심각한 문제는 유대인들과 같이 누가 하나님의 아들이라든가 혹은 참 목자나 사도라고 하면 무조건 이단으로 취급하여 배척을 한다는 것입니다. 그러므로 생명의 좁은 길을 걸어간 믿음의 선진들, 즉 선지자들과 예수님 그리고 사도들이 모두 이단 취급을 당하고 핍박을 받은 것은 당연하다고 생각할 수밖에 없는 것입니다. 결국 육신으로 난 자들이 영으로 난 자들을 배척하고 핍박하는 것입니다. 이러한 일들은 하나님께서 갈라디아서 4장과 5장의 말씀을 통해서 이미 말씀하고 있는 일들입니다.

[갈라디아서 4장 28-29절] 형제들아 너희는 이삭과 같이 약속의 자녀라 그러나 그 때에 육체를 따라 난 자가 성령을 따라 난 자를 핍박한 것 같이 이제도 그러하도다.

[갈라디아서 5장 16절-17절] 내가 이르노니 너희는 성령을 좇아 행하라 그리하면 육체의 욕심을 이루지 아니하리라 육체의 소욕은 성령을 거스리고 성령의 소욕은 육체를 거스리나니 이 둘이 서로 대적함으로 너희의 원하는 것을 하지 못하게 하려 함이니라.

상기의 말씀과 같이 성령으로 거듭나면 그 순간부터 육체를 따라 난 자들에 의해 이단으로 몰려 배척과 핍박을 받게 되는 것입니다. 왜냐하면 육체를 따라 난 자들의 말과 성령으로 난 자들의 말씀이 전혀 다르기 때문입니다. 그런데 육으로 난 자들은 불신자들이나 이교도가 아니라 하나님을 믿는 하나님의 백성들이라는 것입니다. 성경의 많은 부분에서 잘 보여주듯 하나님께서 택한 백성이라는 이스라엘 민족들이 하나님께서 구원자로 보내 주시는 선지자들이나 하나님의 아들들이나 사도들을 수 없이 핍박하며 배척한 것을 볼 수 있습니다. 이러한 사건들은 가인이 아벨을 죽인 때로부터 지금까지 계속되고 있는 일들입니다. 그러나 하나님께서는 하나님의 백성들을 구원하시려고 지금도 변함없이 성령으로 거듭난 아들과 사도들을 구원자로 보내 주시는데 하나님의 백성들은 지금도 오늘날의 구원자(예수)들을 배척하며 핍박하는 것입니다.

왜냐하면 육신과 성령은 서로 대적관계로 육신에 속한 자들은 성령으로 난 자들이 하는 말이나 행동이 걸림이 되고 성령으로 난 자들은 육체를 따라 난 자들의 말이나 행동이 걸림이 되어 서로 판단하고 책망하기 때문입니다. 이렇게 오늘날 기독교인들도 성령으로 난 하나님의 아들들을 불신하고 배척하며 핍박하고 있는 것입니다. 그런데 배척을 하고 핍박을 하는 것은 예수님이나 사도들뿐만 아니라 그를 믿고 따르는 제자들이나 무리도 함께 핍박하는 것입니다.

그러므로 예수님은 유대인들에게 핍박받는 제자들을 위로하기 위해서 이렇게 말씀하시는 것입니다.

[요한복음 15장 19절-23절] 너희가 세상에 속하였으면 세상이 자기의 것을 사랑할 터이나 너희는 세상에 속한 자가 아니요 도리어 세상에서 나의 택함을 입은 자인 고로 세상이 너희를 미워하느니라. 내가 너희더러 종이 주인보다 더 크지 못하다 한 말을 기억하라 사람들이 나를 핍박하였은즉 너희도 핍박할 터이요 내 말을 지켰은즉 너희말도 지킬 터이라. 그러나 사람들이 내 이름을 인하여 이 모든 일을 너희에게 하리니 이는 나 보내신 이를 알지 못함이니라. 내가 와서 저희에게 말하지 아니하였더면 죄가 없었으려니와 지금은 그 죄를 핑계할 수 없느니라. 나를 미워하는 자는 또 내 아버지를 미워하느니라.

예수님께서 제자들에게 너희가 세상에 속하였으면 세상이 너희를 사랑할 터이나 너희는 세상에 속한 자가 아니요 도리어 세상에서 나의 택함을 입었기 때문에 세상이 너희를 미워하고 있다는 것입니다. 또한 예수님께서 세상에 속한 자들이 나를 핍박하였기 때문에 너희도 핍박을 할 것이며 너희가 내 말을 지켰기 때문에 나도 너희 말을 지켜주신다고 말씀하고 있습니다. 사람들이 내 이름(예수님의 말씀), 즉 내 말로 인해서 너희를 핍박하는데 이는 나 보내신 하나님을 알지 못하기 때문이라는 것입니다.

이어서 예수님은 내가 와서 저희에게 말하지 아니하였다면 죄가 없었으려니와 지금은 저희에게 모든 것을 알려 주었기 때문에 그 죄를 나는 모른다고 핑계할 수 없다고 말씀하고 있습니다. 그리고 예수님은 나를 미워하는 자는 나만 미워하는 것이 아니라 나를 보내신 내 아버지를 미워하는 것이라 말씀하고 있습니다. 이와 같이 오늘날 기독교인들도 유대인들과 같이 아직 성령으로 거듭나지 못했기 때문에 오늘날 하나님의 백성들을 구원하려고 보내주시는 하나님의 아들들의 말씀이 거슬려 미워하고 핍박하고 있는 것입니다. 그런데 예수님은 이렇게 하나님의 아들들을 핍박하고 있는 자들이 이제는 그 죄를 용서받을 수 없다고 말씀하고 있습니다. 왜냐하면 예수님께서 이미 이러한 사실들을 세상에 속한 존재들에게 분명히 알려주셨기 때문입니다. 그러므로 기독교인들은 하나님께서 오늘날의 구원자로 보내주시는 하나님의 아들을 믿고 영접하여 사도들과 같이 하나님의 아들로 거듭나야 합니다. 이렇게 하나님의 아들로 거듭나면 그때부터 종의 신분에서 벗어나 아들이 되어 하나님을 아바 아버지라 부를 수 있는 것입니다.

이와 같이 하나님께서 네 부모를 공경하라는 말씀은 하나님의 생명으로 거듭난 하나님의 아들들에게 하나님을 네 부모로 공경하라는 말씀입니다. 그러므로 1계명에서 4계명은 종으로서 하나님을 섬겨야 하는 하나님의 법이며 5계명부터는 하나님의 아들이 되어 하나님을 부모로 모시고 공경하며 살아가는 자들의 규례입니다. 즉 4계명까지는 종들이 지켜야할 옛 계명이며 5계명부터는 아들들이 지켜야하는 새 계명을 말씀하고 있는 것입니다.

[마가복음 12장 29절-31절] 예수께서 대답하시되 첫째는 이것이니 이스라엘아 들으라 주 곧 우리 하나님은 유일한 주시라. 네 마음을 다하고 목숨을 다하고 뜻을 다하고 힘을 다하여 주 너의 하나님을 사랑하라 하신 것이요. 둘째는 이것이니 네 이웃을 네 몸과 같이 사랑하라 하신 것이라. 이에서 더 큰 계명이 없느니라.

신구약성경에 기록된 하나님의 모든 말씀은 예수님께서 말씀하신 옛 계명과 새 계명을 말씀하고 있습니다. 옛 계명은 마음과 목숨과 힘과 뜻을 다해 하나님을 사랑하여 하나님의 아들로 거듭나라는 말씀이며, 새 계명은 하나님의 아들로 거듭난 자들은 예수님이나 사도들과 같은 구원자가 되어 이웃에 죽어있는 영혼들을 구원하여(사랑하여) 너와 같은(네 몸과 같은) 하나님의 아들을 만들라는 말씀입니다.

이와 같이 하나님께서 네 부모를 공경하라고 명하시는 대상은 애굽의 기복적인 신앙생활을 벗어나서 율법에 따라 광야의 훈련을 모두 마친 후 요단강을 건너 가나안 땅에 이른 자들에게 주시는 말씀입니다. 그러므로 하나님을 부모로 공경할 수 있는 자들은 성령으로 거듭나 하나님의 아들이 된 자들이며, 하나님을 부모로 모시고 새 계명을 이루기 위하여 하나님의 사역을 행하고 있는 자들을 말합니다. 예수님께서 하나님의 아들로 이 세상에 오신 것은 바로 이러한 하나님의 새 계명을 모두 이루기 위하여 오신 것입니다.

예수님은 아버지의 뜻에 따라 땅에 속한 열두 제자들을 부르셔서 예수님 안에 있는 생명의 말씀을 먹이고 입혀서 자신의 몸과 같은 하나님의 아들들을 만드신 것입니다. 이렇게 예수님에 의해서 하나님의 아들이 된 예수님의 제자들은 예수님 뜻에 따라 그들의 모든 생애를 죄인들을 구원하여 하나님의 아들을 만드는 사역을 한 것입니다. 이러한 삶이 바로 하나님의 뜻이며 하나님을 부모로 공경하는 삶입니다.

오늘날 기독교인들이 이렇게 중요한 하나님의 뜻을 모르고 십계명을 인간의 윤리나 도덕 정도의 말씀으로 생각을 하고 있는 것입니다.

[에베소서 6장 1절-3절] 자녀들아 너희 부모를 주 안에서 순종하라 이것이 옳으니라 네 아버지와 어머니를 공경하라 이것이 약속 있는 첫 계명이니 이는 네가 잘되고 땅에서 장수하리라.

사도바울이 "자녀들아 너희 부모를 주 안에서 순종하라"고 하신 말씀은 십계명의 제 5계명을 인용하여 말씀한 것입니다. 여기서 말씀하고 있는 자녀들은 하나님의 백성들 모두를 말하는 것이 아니라 하나님의 생명으로 거듭난 자들을 말씀하고 있습니다.

오늘날 기독교인들은 주 안에서라는 말을 단순히 예수님 안에서라는 말로 쉽게 이해를 하며 자신들은 모두 주 안에 있다고 생각을 하고 있습니다. 하지만 주 안이란 말은 주님이 안에 계신다는 뜻으로 물과 성령으로 거듭난 하나님의 자녀들을 말하고 있습니다. 그러므로 아직 하나님의 아들로 거듭나지 못한 종들은 하나님이 부모가 아니라 주인이신 것입니다. 때문에 이러한 종들은 하나님의 계명을 열심히 지키고 행하여 하나님의 아들로 거듭나야 합니다.

이러한 과정을 거쳐서 하나님의 아들로 거듭나면 그때부터 하나님을 부모로 모시고 하나님을 아바 아버지라 부를 수 있습니다.

　이상과 같이 제 5계명은 첫째, 땅에 속한 존재들은 여호와 하나님의 명령과 법을 경외하여 하나님의 아들로 거듭나라는 말씀이며, 둘째는 하나님의 아들로 거듭난 자들은 하나님을 부모로 공경하면서 이웃에 죽어있는 영혼들을 사랑하여 네 몸과 같은 하나님의 아들들을 만들라는 하나님의 명령입니다.

# 십계명의 제6계명

살인하지 말지니라.

제 6계명: 살인하지 말지니라.


    인간사에서 절대로 허용될 수 없고 도저히 용서 받을 수 없는 것은 사람이 사람을 죽이는 살인행위입니다. 그런데도 불구하고 인간들의 삶 속에서 살인사건은 끊임없이 일어나고 있으며 앞으로도 계속될 것입니다. 살인은 개인적인 살인과 집단적인 살인이 있는데 집단적 살인은 국가간의 분쟁과 종교적 분쟁으로 말미암아 나타나는 살생이 있습니다. 이러한 각종 살인사건과 살생은 지금 이 순간에도 도처에서 일어나고 있으며 이로 인해서 수많은 사람들이 죽어가고 있는 것입니다.

    그러므로 하나님께서 하나님의 백성들에게 십계명을 통하여 살인하지 말라고 엄히 명하시는 것이라 생각할 수도 있습니다. 그런데 하나님께서 십계명을 통하여 하나님의 백성들에게 살인하지 말라는 말씀은 윤리도덕이나 인간의 기본법에도 정해져있기 때문에 이미 알고 지키고 있는 일들입니다. 인간의 생명은 어느 나라 어느 국민을 막론하고 소중히 생각하며 귀중히 보호하고 있습니다. 그러므로 하나님을 믿지 않는 불신자나 이방인들이라 하여도 살인을 허용하는 국가나 민족은 이 세상에 하나도 없습니다. 이와 같이 살인하지 말라는 하나님의 계명은 사람들이 인간의 법이나 윤리도덕 이전에 인간의 상식과 기본 양심으로 알고 지키고 있는 것입니다. 이렇게 인간들이 이미 알고 지키고 있는 일들을 하나님께서 살인하지 말라는 뜻으로 계명을 주셨을까요? 한번쯤은 깊이 생각해 보아야 한다고 생각합니다.

하나님의 말씀은 모두 영적인 의미를 담고 있기 때문에 살인하지 말라는 계명도 영적으로 생각해야 합니다. 사람을 죽이는 살인은 두 가지로 생각할 수 있는데, 하나는 사람들이 상식 차원에서 알고 지키고 있는 육신적인 살인과 하나님께서 말씀하고 계신 영적인 살인입니다. 사람들은 육신의 생명을 소중히 여기지만 하나님께서는 영혼을 귀중히 생각하신다는 것을 알아야 합니다. 왜냐하면 사람의 육신은 몸이 살아있을 때만 존재하는 것이지만 혼은 육신이 죽은 후에도 존재하기 때문입니다. 즉 몸은 혼을 담고 있는 질그릇에 불과하며 생명의 실체는 영혼입니다. 그러나 사람들은 영혼보다 육신을 생명처럼 더 소중히 생각하고 있습니다.

사람들이 새 옷을 입을 때는 모두 즐거워하지만 그 옷이

낡아지면 벗어버리고 다시 새 옷으로 갈아입듯이, 영혼도 입고 있는 몸(육체)이 병들거나 늙어 죽게 되면 입고 있던 몸은 버리게 되지만 몸 안에 있던 영혼은 새롭게 태어나는 아기의 몸속으로 들어가 다시 태어나게 되는 것입니다. 이와 같이 사람의 죽음은 몸 안에 들어있던 혼이 몸에서 떠날 때 죽었다고 말하며 죽은 영혼이 새로운 육신의 옷을 입을 때 태어났다 혹은 살았다고 말하는 것입니다. 이렇게 인간들이 하나님의 생명으로 거듭나지 못한 혼적 생명은 지상에서 죽고 태어나고 다시 죽고 태어나기를 반복하는데 이를 불교에서 윤회라 말하고 있습니다.

기독교회에서는 전생이나 윤회를 전적으로 부정하고 있지만 하나님과 예수님께서는 전생과 윤회가 있다는 것을 성경 여러 곳을 통해서 말씀하고 있습니다. 그런데 기독교에서 전생과 윤회가 없어지게 된 동기는 로마 콘스탄티누스 황제가 전생이 있다면 하나님의 권위와 은혜 그리고 황제의 권위가 약화 된다는 이유로 성경에 기록된 전생과 윤회를 모두 삭제해 버리고 기독교에는 전생과 윤회가 없다고 폐해 버린 것입니다.

(전생과 윤회가 기독교에서 없어진 동기와 근거는 의증서원에서 출간된 "성경에 나타난 전생과 윤회"에 자세히 기

록되어 있습니다.)

그러나 만일 인간들의 전생이나 윤회가 없다면 하나님의 공의가 파괴되고 사람이 무엇을 심던지 심은 대로 거두게 하신다는 하나님의 인과응보가 모두 무너지게 되는 것입니다. 왜냐하면 하나님께서 사랑과 공의의 하나님이라면 모든 사람이 같은 조건과 환경에서 동일하게 태어나게 하셔야 하는데 각 사람이 태어나는 것을 보면 많은 차이가 있기 때문입니다. 즉 어떤 아이는 호화스러운 궁궐에서 왕자로 태어나 부귀영화를 누리고 살며 어떤 아이는 열악한 판자집에서 거지로 태어나 고통스럽게 살며 또 어떤 아이는 건강하게 태어나 행복하게 살아가고 어떤 아이는 태어날 때부터 지체부자유자로 태어나 평생 동안 고통을 받고 살아가기 때문입니다.

이와 같이 지금도 미국이나 유럽의 부유한 가정에서 태어나 행복하게 잘 살고 있는 사람도 있지만 북한이나 소말리아와 같이 빈곤한 나라에 태어나 먹을 것도 없고 입을 옷도 없이 고통 받고 살아가는 사람들이 있는 것입니다. 하나님이 공의의 하나님이라면 모든 사람이 동일한 환경과 조건에서 태어나게 하여야 하는데 이렇게 사람들을 불공평하게 태어나게 하시는 것은 하나님의 공의는 물론 사랑이라 할 수도 없습니다.

그런데 하나님의 공의는 무엇을 심던지 심은 대로 거두게 하시기 때문에 하나님을 공의의 하나님이라 말하는 것입니다. 즉 전생에서 선, 악간에 자신이 행한 대로 일점의 오차도 없이 현생에 태어나게 하시는 것이며 내생에 태어남도 현생에서 무엇을 하고 어떻게 살았느냐에 따라서 환경과 조건을 맞추어 태어나게 하시는 것입니다. 때문에 전생이 없다거나 부정을 하는 것은 심은 대로 거두게 하시는 하나님의 공의를 폐하는 행위입니다. 예수님도 전생이나 윤회를 분명하게 말씀하고 있습니다.

[마태복음 11장 14절] 만일 너희가 즐겨 받을 진대 오리라 한 엘리야가 곧 이 사람이니라 귀 있는 자는 들을 찌어다.

상기의 말씀은 예수님께서 그의 제자들에게 만일 너희가 내가 하는 말을 믿고 받아들인다면 너희가 오리라 기다리고 있는 엘리야가 이미 세례요한으로 왔다고 말씀하시면서 귀가 있는 자는 들으라고 말씀하고 있습니다. 즉 너희와 유대인들이 다시 오리라 기다리고 있는 엘리야가 이미 세례요한의 몸을 입고 지금 와서 있는데 모르고 있다는 것입니다. 이렇게 예수님은 전생과 윤회를 전생에 존재하던 엘리야와 현생에 세례요한의 몸을 입고 다시 태어난 엘리야를 통해서 말씀하고 있는 것입니다. 그런데 전생이나 윤회의 말씀은 예수님의 제자들도 이해하기 어려웠던 것입니다. 그러므로 예수님은 너희들 중에 이 말을 들을 귀가 있는 자만 들으라고 말씀하신 것입니다.

　이와 같이 어제 없는 오늘이 없고 오늘 없는 내일도 없듯이 전생이 없는 현생은 있을 수 없고 현생이 없는 내생도 있을 수 없는 것입니다. 그러므로 하나님은 사람이 무엇을 심던지 심은 것을 거두는 것이라 말씀하고 있는 것입니다.

[갈라디아서 6장 7절-8절] 하나님은 만홀히 여김을 받지 아니하시나니 사람이 무엇으로 심든지 그대로 거두리라 자기 육체를 위하여 심는 자는 육체로부터 썩어진 것을 거두고 성령을 위하여 심는 자는 성령으로부터 영생을 거두리라.

　상기의 말씀과 같이 하나님은 사람이 무엇을 심던지 심은 대로 거두게 하신다는 것입니다. 즉 자기 육체를 위하여 심는 자는 육체로부터 썩어진 것을 거두게 하시고 성령을 위하여 심는 자는 성령으로부터 영생을 거두게 하신다는 것입니다. 그런데 만일 아무것도 심지 않으면 아무것도 거둘 수 없는 것입니다. 그런데 무지한 일부의 기독교인들은 하나님이나 예수님은 전지전능하셔서 심지 않은데서 거두게 하시며 육체로 심는다 해도 영생을 거두게 해주신다고 믿고 있습니다. 그러나 자신이 전생에 심은 것을 현생에서 거두는 것이며 또한 현생에서 심은 것은 심은 대로 내생에 받게 된다는 말씀입니다.

즉 전생에 육체를 위해 심은 자는 현생에서 썩어질 것을 얻어 살아가는 것이며 전생에 하나님을 위해서 성령을 심는 자는 하나님으로부터 영생을 얻어 이미 천국으로 들어가서 현생에 태어나지 않는 것입니다. 그러므로 오늘날 기독교인들도 현생에서 하나님을 위해 성령을 심는다면 하나님의 생명으로 거듭나서 천국으로 들어가 내생에 다시 태어나지 않게 되지만 현생에서 육체, 즉 자신을 위해 심는 자들은 내생에 열악한 환경에서 육체를 입고 다시 태어나 고통을 받게 되는 것입니다. 이렇게 사람이 무엇을 심던지 심은 대로 거두게 하시는 분이 바로 공의의 하나님이십니다.

[마태복음 25장 24절-30절] 한 달란트 받았던 자도 와서 가로되 주여 당신은 굳은 사람이라 심지 않은데서 거두고 헤치지 않은데서 모으는 줄을 내가 알았음으로 두려워하여 나가서 당신의 달란트를 땅에 감추어 두었었나이다. 보소서 당신의 것을 받으셨나이다. 그 주인이 대답하여 가로되 악하고 게으른 종아 나는 심지 않은데서 거두고 헤치지 않은데서 모으는 줄로 네가 알았느냐 그러면 네가 마땅히 내 돈을 취리하는 자들에게나 두었다가 나로 돌아와서 내 본전과 변리를 받게 할 것이니라 하고 그에게서 그 한 달란트를 빼앗아 열 달란트 가진 자에게 주어라 무릇 있는 자는 받아 풍족하게 되고 없는 자는 그 있는 것까지 빼앗기리라 이 무익한 종을 바깥 어두운데로 내어쫓으라 거기서 슬피 울며 이를 갊이 있으리라 하니라.

상기에 한 달란트를 받은 자는 자기 주인(예수님)이 능력이 많아 심지 않아도 거두고 헤치지 않은데서 모으는 줄로 믿고 있었던 자입니다. 본문에 "헤치지 않은데서 모으는"이라는 문장은 원문에 '우 디에스코르피사스로'로 기록되어 있으며 뜻은 키질을 하지 않은 데서 모으는 이라는 뜻입니다. 그러므로 본문의 뜻은 심은 것을 거두시고 거둔 곡식도 키질하여 좋은 알곡만 모아 들인다는 의미입니다. 이렇게

예수님은 모든 것은 반드시 원인에 의해서 그 결과가 나타
난다는 인과응보를 말씀하고 있는 것입니다.

　그런데 게으르고 악한 종은 예수님은 능력이 많고 사랑
이 많아 예수를 믿고만 있으면 천국 곳간에 들어갈 줄 알고
있었던 것입니다. 이 악한 종은 오늘날 예수를 믿기만 하면
천국을 들어간다고 교인들을 속이고 있는 목회자들과 목사
님의 말을 그대로 믿고 있는 교인들과 다르지 않다고 생각
합니다. 이렇게 교인들에게 거짓증거를 하는 목회자들은
결국 구원받아 천국에 가야 할 영혼들을 속이고 죽이는 살
인자와 같은 것입니다. 그러므로 하나님께서 제 6계명을
통하여 "살인하지 말라"는 것은 사람의 몸을 죽이지 말라는
뜻이 아니라 영혼을 죽이지 말라는 뜻입니다.

　이와 같이 하나님은 사람의 몸을 죽이는 죄 보다 영혼
을 죽이는 죄를 더 큰 죄라 말씀하고 있습니다. 그럼에도
불구하고 하나님의 공의가 충만하여 영혼을 구원하고 살려
야 할 교회들이 창기가 되어 버렸고 이제는 살인자들뿐이
라 한탄하고 계시는 것입니다.


[이사야 1장 21절-23절] 신실하던 성읍이 어찌하여 창기가
되었는고 공평이 거기 충만하였고 의리가 그 가운데 거하였었

더니 이제는 살인자들뿐이었도다 네 은은 찌끼가 되었고 너의 포도주에는 물이 섞였도다 네 방백들은 패역하여 도적과 짝하며 다 뇌물을 사랑하며 사례물을 구하며 고아를 위하여 신원치 아니하며 과부의 송사를 수리치 아니하는 도다.

　상기의 신실하던 성읍은 바로 예루살렘 성전을 가리키는 말이며 오늘날 교회들을 말하고 있습니다. 그런데 하나님은 위 말씀을 통하여 신실하던 성읍, 곧 하나님의 교회가 어떻게 창기가 되었으며 공평이 충만하고 하나님의 의가 거하던 성전이 지금은 어찌하여 살인자들뿐이냐고 한탄을 하시는 것입니다. 그렇다면 거룩한 성전 안에서 어느 누가 감히 살인을 하며 어떻게 사람을 죽인단 말인가요? 하나님의 성전에서 살인하고 있다는 살인자들은 사람의 육신을 죽이는 자가 아니라 바로 영혼을 죽이고 있는 자들을 말합니다. 그러면 하나님의 거룩한 성전에 앉아서 사람들의 영혼을 죽이는 존재는 과연 어떤 존재인가요?

　이들은 다른 사람이 아니라 성전에서 제사를 드리는 제사장이요 오늘날 삯군목자들을 말하고 있습니다. 예전에 성전에 있는 제사장들이나 오늘날 교회의 목사들은 지금까지 영혼을 살린다는 일념으로 목회를 하고 있습니다. 그런데 상기의 말씀과 같이 하나님의 성전에 영혼들을 죽이는 살인자들뿐이라고 말씀하고 있는 것입니다. 왜냐하면 이들은 예수님의 말씀과 같이 천국 문을 닫아 놓고 자기도 들어가지 않고 들어가려는 자도 못 들어가게 하기 때문입니다. 이들이 바로 교인하나를 얻으면 배나 더 지옥자식을 만들고 있는 자들입니다.

[마태복음 23장 13절-15절] 화 있을찐저 외식하는 서기관들과 바리새인들이여 너희는 천국 문을 사람들 앞에서 닫고 너희도 들어가지 않고 들어가려 하는 자도 들어가지 못하게 하는도다. 화 있을찐저 외식하는 서기관들과 바리새인들이여 너희는 교인 하나를 얻기 위하여 바다와 육지를 두루 다니다가 생기면 너희보다 배나 더 지옥 자식이 되게 하는 도다.

하나님께서 "살인하지 말지니라" 라는 말씀은 위에서 말씀드린 바와 같이 사람의 몸을 죽이지 말라는 뜻이 아니라 구원받을 영혼들을 죽이지 말라는 것입니다. 그런데 천국 문을 닫아 놓고 자신들도 들어가지 않고 천국에 들어가려는 자들도 못 들어가게 가로막고 있는 자들이 있는데 이들이 곧 영혼을 죽이는 살인자들입니다. 이렇게 영혼을 죽이는 살인자들은 외식하는 서기관과 바리새인이라 말씀하고 있는데 이들은 곧 영적지도자들로 오늘날 거듭나지 못한 삯군목자들을 말하고 있습니다. 이들은 교인하나를 얻기 위해 열심히 전도하며 하나님의 아들을 만든다고 호언장담 하고 있지만 실제로는 자신보다 배나 더 지옥자식을 만들 어 죽이고 있다고 말씀하시는 것입니다.

문제는 이렇게 소경된 인도자들은 천국으로 들어가려는 영혼들을 죽이면서도 한결같이 자기는 죽을 영혼을 살리고 있다고 큰 소리치고 있는 것입니다. 그러므로 하나님께서 는 이러한 자들에게 살인하지 말라고 엄히 명하시는 것입 니다. 그런데 예수님은 살인을 하지 않았다 해도 형제에게 노하거나 욕(라가)만해도 심판을 받게 된다고 말씀하고 있 습니다.

[마태복음 5장 21절-22절] 옛 사람에게 말한 바 살인치 말 라. 누구든지 살인하면 심판을 받게 되리라 하였다는 것을 너희 가 들었으나 나는 너희에게 이르노니 형제에게 노하는 자마다 심판을 받게 되고 형제를 대하여 라가라 하는 자는 공회에 잡 히게 되고 미련한 놈이라 하는 자는 지옥 불에 들어가게 되리 라.

위의 말씀은 예수님께서 산에 오르셔서 제자들과 모인 무리들에게 가르치신 산상보훈의 일부입니다. 하나님께서 이미 십계명을 통하여 하나님의 백성들에게 살인을 하지 말라고 명하기 때문에 사람을 죽이면 당연히 심판을 받게 된다는 것은 누구나 잘 알고 있습니다. 그런데 예수님께서는 하나님의 백성들에게 살인을 하지 않았다 해도 주의 형제들에게 화를 내기만 하여도 심판을 받게 되며 또한 주의 형제에게 무식하다고 멸시를 하거나 미련하다고 욕을 하여도 지옥 불에 들어간다고 말씀하고 계십니다.

　오늘날 기독교인들은 예수님은 사랑이시기 때문에 어떠한 죄를 범하여도 회개만 하면 모두 용서해 주시며 예수를 믿기만 하여도 천국에 들어갈 수 있다고 믿고 있습니다. 그런데 예수님은 기독교인들이 믿고 있는 예수님과 전혀 다른 모습으로 나타나 모세보다 더 엄하게 말씀하고 계십니다. 때문에 기독교인들은 이런 모습으로 오셔서 이렇게 엄한 말씀을 하시는 예수님은 구원자로 인정을 하지 않는 것은 물론 이단자로 핍박을 하며 돌로 치는 것입니다. 그러므로 예수님은 오늘날 하나님께서 우리에게 구원자로 파송한 하나님의 선지자나 아들들을 절대로 박대를 하거나 이단으로 몰아서 핍박을 하면 안 된다고 말씀하시는 것입니다.

[마태복음 23장 37절-38절] 예루살렘아 예루살렘아 선지자들을 죽이고 네게 파송된 자들을 돌로 치는 자여 암탉이 그 새끼를 날개 아래 모음 같이 내가 네 자녀를 모으려 한 일이 몇 번이냐 그러나 너희가 원치 아니하였도다. 보라 너희 집이 황폐하여 버린바 되리라.

상기의 말씀에 선지자들을 죽이고 하나님께서 파송한 자들을 돌로 치는 예루살렘은 바로 하나님의 교회, 즉 하나님의 백성들을 가리키는 말입니다. 이들은 하나님을 믿으며 하나님의 말씀에 따라 신앙생활을 열심히 하면서 하나님께서 보내주시는 구원자를 기다리고 있는 하나님의 백성들입니다. 그런데 이해할 수 없는 일은 이들이 바로 하나님께서 구원자로 보내주시는 선지자들을 죽인다는 것이며 또한 그들에게 파송된 사도들도 돌로 친다는 것입니다. 그런데도 불구하고 하나님께서는 죄 가운데 있는 하나님의 백성들을 구원하기 위하여 오늘날도 끊임없이 하나님의 아들들(참목자)을 보내 주고 계십니다. 그러나 하나님의 백성들은 하나님께서 파송하신 하나님의 아들들을 원치 않으며 지금도 이단으로 몰아 배척을 하면서 돌로 치고 있는 것입니다. 하나님께서는 성경을 통해서 하나님의 백성들을 구원할 선지자와 메시야(구원자)에 대하여 자세히 말씀하고 있습니다.

그런데 이들이 성경을 보면서도 하나님께서 보낸 자들을 알지 못하고 돌로 치는 이유는 성경을 통해서 말씀하고 있는 구원자는 모르고 교리나 유전을 통해서 알고 있는 신화적인 구원자를 믿고 있기 때문입니다. 이 모든 일들은 거짓 선지자와 삯군목자들이 가르치는 다른 복음에 의식화 되어 있기 때문에 나타나는 현상입니다. 하나님께서는 이렇게 하나님의 백성들을 미혹하면서 하나님께서 보내주시는 선지자나 아들들을 돌로 치며 핍박하는 거짓선지자와 삯군목자들을 반드시 멸하신다고 말씀하고 있습니다. 그러므로 하나님께서는 이러한 자들을 향하여 지금이라도 회개하고 돌이켜서 하나님의 백성들을 살인하지 말라고 경고하시는 것입니다.

[사도행전 7장 51절-53절] 목이 곧고 마음과 귀에 할례를 받지 못한 사람들아 너희가 항상 성령을 거스려 너희 조상과 같이 너희도 하는도다. 너희 조상들은 선지자 중에 누구를 핍박지 아니하였느냐. 의인이 오시리라 예고한 자들을 저희가 죽였고 이제 너희는 그 의인을 잡아준 자요 살인한 자가 되나니 너희가 천사의 전한 율법을 받고도 지키지 아니하였도다 하니라.

상기의 말씀은 목이 곧고 마음이 교만한 자들, 즉 표면적인 할례는 받았으나 이면적인 마음의 할례를 받지 못한 자들을 향하여 하시는 말씀입니다. 하나님을 믿는 자들이 세상의 교리에 의한 할례는 받았으나 하나님께서 주시는 마음의 할례를 받지 못하면 너희 조상과 같이 항상 성령을 거스려 대적을 한다는 것입니다. 성령을 거스려 대적한다는 말은 결국 하나님께서 우리에게 보내주시는 선지자와 의인들의 말씀을 대적하고 핍박한다는 것입니다.

　이렇게 마음의 할례, 즉 하나님의 말씀으로 거듭나지 못한다면 하나님께서 우리에게 보내주시는 하나님의 선지자나 아들들을 모르고 배척하고 핍박하게 되는 것입니다. 그러므로 오늘날 하나님의 백성들은 지금까지 이러한 삯군목자들로부터 받은 교리의 틀을 벗어버리고 하루속히 하나님의 말씀으로 돌아가야 합니다. 그러면 예수님께서 이렇게 말씀에 목마른 자에게 값없이 생명수의 샘물을 주신다고 말씀하고 있습니다. 그런데 이러한 말씀을 듣고도 돌이키지 않고 계속해서 살인과 행음을 하며 우상숭배와 거짓말을 하는 자들은 불과 유황으로 타는 못에 들어가 고통을 받게 된다는 것입니다.

[요한계시록 21장 6절-8절] 나는 알파와 오메가요 처음과 나중이라. 내가 생명수 샘물로 목마른 자에게 값없이 주리니 이기는 자는 이것들을 유업으로 얻으리라. 나는 저의 하나님이 되고 그는 내 아들이 되리라. 그러나 두려워하는 자들과 믿지 아니하는 자들과 흉악한 자들과 살인자들과 행음자들과 술객들과 우상 숭배자들과 모든 거짓말하는 자들은 불과 유황으로 타는 못에 참예하리니 이것이 둘째 사망이라.

위의 말씀과 같이 예수님은 알파와 오메가로서 항상 우리 곁에 계시면서 진리에 목마른 자들에게 생명수, 즉 생명의 말씀을 값없이 은혜로 주신다는 것입니다. 그런데 예수님께서 우리 곁에 항상 계시다는 것은 이천년 전에 오셨던 예수님이 지금도 계신다는 말이 아니라 오늘날 하나님의 생명으로 거듭난 자들 안에 계신다는 뜻입니다. 그러므로 오늘날 하나님의 생명으로 거듭난 구원자들을 통하여 생명의 말씀을 먹으며 끝까지 인내하며 견디는 자는 하나님의 아들로 거듭나게 되어 하나님 나라를 유업으로 이어받게 된다는 것입니다.

그러나 이 생명의 길이 좁고 힘들다고 두려워하여 이러한 말씀을 배척하며 영혼을 죽이고 있는 살인자들과 행음하는 자들과 술객들과 우상숭배 하는 자들과 거짓을 말하는 자들은 모두 유황불로 된 불 못에 들어가게 되는데 이것이 곧 두 번 죽는 둘째 사망이라고 말씀하고 있습니다.

이상과 같이 살인하지 말라는 하나님의 제 6계명은 첫째, 하나님의 백성들의 영혼을 죽이지 말라는 말씀이며, 둘째는 하나님의 말씀으로 거듭나서 하나님의 아들들이 된 자들은 이웃에 죽어있는 영혼들을 구원하여 살리라는 말씀입니다. 이 말씀은 결국 죽은 자들은 하나님께서 보내주시는 하나님의 아들들을 믿고 그 말씀을 영접하여 하나님의 아들이 되라는 말씀이며 하나님의 생명으로 거듭난 하나님의 아들들은 이웃에 있는 죽은 영혼들을 살려서 하나님의 아들들을 만들라는 것입니다.

그런데 하나님께서 제 6계명을 통하여 살인하지 말라는 더 중요한 의미가 있는데 그것은 하나님의 생명을 받아 하나님의 아들 된 자들은 자신이 소유하고 있는 하나님의 말씀을 소멸하거나 변질시키지 말라는 것입니다. 왜냐하면 하나님의 말씀을 가진 하나님의 아들이라 해도 세상의 염려와 재리의 걱정으로 인해서 물질의 유혹이 다가오면 미혹되어 타락할 수 있기 때문입니다. 그러므로 성경에 타락한 천사의 존재들이 나타나는 것이며 삯군목자와 거짓선지자들이 존재하게 된 것입니다.

　이와 같이 세상의 악한 존재들로부터 오는 핍박과 각종 유혹으로 인하여 자기 속에 있는 생명의 말씀을 변질시키거나 소멸되게 하면 그것이 곧 하나님의 생명을 살인하게 되는 것입니다. 하나님의 아들이신 예수님께서도 요단강에서 세례 요한으로부터 세례를 받으신 후에 광야로 나아가 마귀에게 온갖 시험과 유혹을 받으신 것을 성경에서 잘 보여주고 있습니다. 만일 예수님께서 그 마귀의 시험과 유혹을 물리치지 못하셨다면 지금 타락한 천사들의 하나가 되어 유대인들을 말씀으로 미혹하며 영혼을 죽이는 살인자가 되었을 것입니다. 이렇게 첫 아담은 뱀의 유혹에 미혹되어 죄인으로 전락하였지만, 둘째 아담인 예수님은 마귀의 미혹과 시험을 모두 말씀으로 물리치고 승리를 하여 구원자가 되신 것입니다.

　이와 같이 하나님의 아들들이 소유하고 있는 생명의 말씀도 마귀에게 미혹을 받아 변질이 된다면 그 때부터 거짓 선지자가 되어 변질된 말씀으로 영혼들을 죽이게 되는 것입니다. 그러므로 하나님께서 제 6계명을 통하여 살인하지 말라는 말씀은 하나님의 아들들이 소유하고 있는 생명의 말씀을 소멸하거나 변질시키지 말라는 뜻입니다. 오늘날 목회자들이 타락하여 말씀을 변질시키게 된 것도 결국은 비진리를 소유한 뱀들과 마귀로부터 오는 미혹을 물리치지 못한 때문이며 또한 자기 안에 있는 욕심으로 세상의 염려와 물질의 유혹을 이기지 못한 때문이라 할 수 있습니다.

그러므로 진리를 떠난 하나님의 종들과 사역자들은 변질된 말씀으로 하나님의 백성들을 더 이상 미혹하거나 살인을 하지 말고 하루속히 회개하고 비진리에서 벗어나 생명의 말씀으로 돌아와야 합니다. 이것만이 하나님의 진노를 피하는 길이요 사망에서 벗어나 생명으로 돌아가는 유일한 길입니다.

이상과 같이 오늘날 하나님의 백성들이 제 6계명의 살인하지 말라는 말씀을 올바로 깨닫고 지금이라도 넓고 평탄한 멸망의 길에서 벗어나 좁고 협착한 생명의 길로 돌아온다면 하나님께서 기뻐하시며 모든 죄를 용서해 주실 것입니다.

# 환난의 날

환난 날의 잡힌 마음이
등불을 밝히는 구나

부끄러운 줄 모르며 달려 가더니
어리석음을 깨닫고 후회하면서

지난밤의 쑤시던 뼈마디가
쉬지 아니하였더면

흑암 중에 잡히지 않은 마음이
고생의 날 보내는 자가
광명을 볼 수 있었던가

# 십계명의 제7계명

간음하지 말지니라

## 제 7계명: 간음하지 말지니라

제 7계명은 하나님께서 하나님의 백성들에게 간음하지 말라는 말씀입니다. 인간들의 타락과 가정의 파탄은 간음으로부터 시작된다 해도 과언이 아니라 생각합니다. 남녀 간에 일어나는 간음은 예나 지금이나 어느 시대를 막론하고 인간이 존재하는 곳에는 항상 있는 일들입니다. 그런데 요즈음처럼 음란물이 넘쳐나고 간음이 난무하던 시대는 일찍이 없었던 것 같습니다. 하나님께서 소돔성에 있는 사람들을 유황불로 멸하신 것은 간음의 도가 너무 지나쳤기 때문입니다.

이와 같이 육신적인 간음은 사회를 부패하게 만들며 영적인 간음은 신앙을 병들게 하여 결국 멸망하게 되는 것입니다. 성경에 나타난 이스라엘 백성들과 유대인들이 하나님을 믿으며 열심히 신앙생활을 하였으나 천국에 이르지 못하고 결국 멸망을 당한 것은 모두 간음죄 때문입니다. 이렇듯이 하나님께서는 하나님의 백성들이 간음하는 행위를 중죄로 다루시고 계신다는 것을 알아야 합니다. 그러나 안타깝게도 예전에 하나님의 백성들이나 오늘날 기독교인들도 계속해서 하나님 앞에서 간음을 행하고 있다는 사실입니다. 간음은 육신적인 간음과 영적인 간음이 있는데 하나님께서 제 7계명을 통하여 간음하지 말라는 것은 육신적인 간음보다 주로 영적인 간음을 말씀하고 있습니다. 제 7계명에 기록된 간음이란 단어는 원어로 나압(נָאַף)이라는 단어를 쓰고 있으며 뜻은 "간음을 범하다, 배교하다, 혼인이 파기된 여자"등의 의미입니다. 육신적인 간음이란 혼외정사를 말하며 간음하는 행위는 세상의 법으로도 중죄로 다스리고 있습니다. 그런데 하나님께서 하지 말라는 간음도 한 사람이 두 남편을 번갈아 섬기듯이 두 주인, 즉 하나님과 재물을 겸하여 섬기는 것을 말씀하고 있습니다.

[마태복음 6장 24절] 한 사람이 두 주인을 섬기지 못할 것이니 혹 이를 미워하며 저를 사랑하거나 혹 이를 중히 여기며 저를 경히 여김이라 너희가 하나님과 재물을 겸하여 섬기지 못하느니라.

하나님의 백성들이 하나님을 믿는 목적은 하나님의 뜻을 이루기보다 자신의 뜻, 즉 하나님을 통해서 복을 받아 잘 살려는 욕심 때문입니다. 즉 하나님을 통해 축복을 받아 자신이 하는 일들이 모두 형통하기를 바라며 잘살기를 바라는 기복신앙이라는 것입니다. 하나님은 이런 자들이 바로 두 주인, 즉 하나님과 재물을 겸하여 섬기는 자들이라 말하는 것입니다. 하나님은 예수님을 통해서 진리의 생명으로 죄인들을 구원하여 영원한 생명을 주시는 분이십니다. 그런데 이러한 진리의 생명이신 예수님을 이용하여 교회사업을 하며 말씀을 팔아 돈을 치부하고 있는 자들이 있습니다. 하나님은 이런 자들이 바로 간음하는 자들이라 말씀하시는 것입니다. 이렇게 오늘날 기독교인들도 하나님을 섬긴다고 하면서 또 한편으로는 재물을 겸하여 섬기고 있는 것입니다.

그런데 예수님께서 말씀하시는 재물은 금과 은 혹은 돈이나 재산에 국한된 것이 아니라 자신의 존재를 비유하여 말씀하고 있다는 것입니다. 왜냐하면 자신의 존재가 있기 때문에 재물이 있는 것이지 자신이 없으면 재물도 없기 때문입니다. 그러므로 하나님과 재물을 겸하여 섬긴다는 말씀은 하나님과 자신을 겸하여 섬긴다는 뜻입니다. 즉 하나님의 백성들이 하나님을 믿고 의지하면서도 한편으로는 자기 자신을 믿고 살아가기 때문입니다. 이렇게 하나님과 자신을 겸하여 믿고 섬기면서 신앙생활을 하는 자들이 바로 두 주인을 섬기는 자들이며 간음하는 자들이라는 것입니다.

[야고보서 4장 4절] 간음하는 여자들이여 세상과 벗된 것이 하나님의 원수임을 알지 못하느뇨 그런즉 누구든지 세상과 벗이 되고자 하는 자는 스스로 하나님과 원수 되게 하는 것이니라.

상기에서 말씀하고 있는 간음하는 여자들은 예수님을 신랑으로 섬기면서 또 다른 신랑, 즉 세상과 벗하고 있는 자들을 말하고 있습니다. 이렇게 예수를 신랑으로 모시고 살면서 세상과 짝을 하며 신앙생활을 하는 자들은 하나님과 원수라는 것입니다. 이렇게 하나님과 세상을 겸하여 섬기고 있는 자들이 곧 간음하는 자들이며 하나님의 원수라는 것입니다. 그런데 오늘날 기독교인들도 대부분이 하나님을 사랑한다고 말을 하면서도 한편으로는 세상의 미련을 버리지 못하고 세상을 사랑하고 있는 것입니다. 그런데 예수님께서 말씀하시는 세상은 위에서 말씀드린 바와 같이 사람이 사는 세상보다 세상의 존재를 말하고 있는 것입니다. 왜냐하면 예수님께서 세상을 이처럼 사랑하사 독생자를 주셨다는 세상은 이 세상이 아니라 세상에 있는 존재, 즉 하나님의 백성을 말하고 있기 때문입니다.

그러므로 예수님을 주인으로 섬기면서 세상의 목자, 즉 아직 하나님의 생명으로 거듭나지 못한 자기 목자를 예수님과 동등하게 믿고 섬기면 곧 간음하는 행위라는 것입니다. 이렇게 자기목자를 예수님처럼 믿고 섬기면 자연히 예수님과 원수가 되어 예수님이 오시면 이단자로 배척하고 핍박하게 되는 것입니다. 하나님은 이런 자들이 두 주인을 섬기는 자며 간음하는 자들이라 말씀하고 있습니다. 그런데 하나님께서 간음한 자는 남자나 여자는 모두 죽이라고 율법으로 엄히 명하고 있습니다. 여기서 간음하는 남자는 삯군 목자들을 말하며 여자는 음욕, 즉 욕심이 많은 교인들을 말하고 있습니다.

[레위기 20장 10절] 누구든지 남의 아내와 간음하는 자 곧 그 이웃의 아내와 간음하는 자는 그 간부(남자)와 음부(여자)를 반드시 죽일 찌니라.

하나님은 상기의 말씀을 통해서 어느 누구나 남의 아내와 간음을 하는 자 곧 이웃의 아내와 간음하는 자는 반드시 죽이라고 명하고 있습니다. 그런데 오늘날 기독교에서 남의 아내와 간음을 하였다고 교인을 죽인 사례는 지금까지 찾아 볼 수 없습니다. 왜 그럴까요? 하나님의 법은 물론이지만 세상의 법도 사람들이 지키기 위해서 존재하는 것입니다. 그런데 세상 사람들이나 하나님의 백성들에게 법이 있어도 그 법을 지키지 않는다면 그 법은 무용지물일 뿐만 아니라 세상의 질서나 하나님 나라의 질서가 유지될 수 없습니다.

오늘날 기도교인들이 하나님의 법을 제대로 지키지 않는 것은 정당한 이유가 있기 때문입니다. 그것은 바로 예수님께서 이 땅에 오셔서 율법을 모두 폐하셨다는 오해 때문입니다. 그리고 또 하나는 하나님은 사랑이시라 사람들이 어떠한 잘못을 범하였다 하여도 그 잘못을 뉘우치고 회개만 하면 모두 용서해 주신다는 믿음 때문입니다. 그러나 예수님은 율법을 폐하려고 오신 것이 아니라 오히려 온전케(완전케) 하러 오셨다고 말씀하시면서 간음에 대하여 더욱 중하게 말씀하고 있습니다.

[마태복음 5장 17절-18절] 내가 율법이나 선지자나 폐하러 온 줄로 생각지 말라 폐하러 온 것이 아니요 완전케 하려 함이

로라. 진실로 너희에게 이르노니 천지가 없어지기 전에는 율법의 일점일획이라도 반드시 없어지지 아니하고 다 이루리라.

　상기의 말씀과 같이 예수님은 율법이나 선지자의 말씀을 폐하러 온 것이 아니라 오히려 율법을 완전케 하기 위해서 오셨다고 말씀하고 계십니다. 그리고 예수님은 천지가 없어지기 전에 율법의 일점일획이라도 없애지 않고 모두 이루신다고 말씀하고 있습니다. 그런데 어느 누가 감히 예수님께서 율법을 폐했다고 거짓증거를 하며 율법은 지키지 않아도 된다고 말하느냐 하는 것입니다.

　율법은 간음을 행한 자를 죽이라고 하지만 예수님께서는 간음을 하지 않았어도 여자를 보고 마음에 음욕을 품기만 하여도 이미 간음한 것이라고 말씀하고 있습니다. 그런데도 불구하고 오늘날 거짓 목자와 삯군목자들은 예수님께서 율법을 폐하였다고 거짓증거를 하고 있는 것입니다.

　[마태복음 5장 27절-28절] 또 간음치 말라 하였다는 것을 너희가 들었으나 나는 너희에게 이르노니 여자를 보고 음욕을 품는 자마다 마음에 이미 간음하였느니라.

요즈음 세상에 남자들이 어여쁜 여성을 바라볼 때 순간적으로 마음에 음욕을 품는 것은 흔히 있을 수 있는 일이라 생각합니다. 그런데 예수님께서는 실제로 음행을 행치 않았어도 마음에 음욕을 품기만 하여도 이미 간음한 것이라고 충격적인 말씀을 하시는 것입니다. 예수님의 말씀대로라면 이 세상을 살아가는 동안에 간음죄를 짓지 않는 사람은 별로 없을 것이라 생각합니다. 그런데 예수님께서 음욕을 품지 말라는 여자는 사람을 말하는 것이 아니라 예루살렘, 즉 하나님의 성전(교회)을 비유하여 말씀하신 것입니다. 왜냐하면 갈라디아서 4장 22절 이하를 통해서 두 여인은 곧 두 언약을 말하며 한 여인(하갈)은 지금 존재하고 있는 예루살렘교회를 말하며 또 한 여인(사라)은 위에 있는 예루살렘교회를 말하고 있기 때문입니다. 그런데 하나님의 교회는 곧 교회의 머리이신 예수님을 비유로 말씀하고 있습니다.

　그러므로 여인을 보고 음욕을 품지 말라는 것은 예수님이나 하나님의 교회를 통해서 자기 욕심을 채우려는 생각이나 마음을 품지 말라는 뜻입니다. 즉 자기 욕심을 채우기 위해서 예수를 믿거나 교회를 다니는 것이 곧 여자를 보고 음욕을 품는 것이며 이미 간음을 하고 있는 자들이라고 말씀하시는 것입니다. 이렇게 하나님께서 말씀하시는 간음은 육체적인 간음이 아니라 영적인 간음을 말씀하고 있는 것입니다. 이렇게 율법이나 예수님은 여자를 보고 음욕만 품어도 이미 간음한자라고 말씀하시며 또한 하나님의 백성들이 간음을 하다 하루에 이만 삼천명이 죽었다는 것을 성경을 통해서 보여주고 있는 것입니다.

[고린도전서 10장 8절] 저희 중에 어떤 이들이 간음하다가 하루에 이만 삼천 명이 죽었나니 우리는 저희와 같이 간음하지 말자.

상기의 말씀은 민수기 25장에 이스라엘 백성이 모압 여자들과 음행한 것을 하나님께서 보시고 진노를 하여 염병으로 죽인 사건을 말씀하고 있습니다. 그리고 하나님께서 소돔과 고모라 성을 유황불로 멸하신 것도 그 백성들이 음행을 행하였기 때문입니다. 이렇게 하나님께서는 간음을 행한 자들을 용서하지 않으시고 모두 죽이시는 것을 볼 수 있습니다. 이와 같이 간음을 행한 죄는 용서하시지 않고 모두 멸하시는 것입니다.

그런데 성경에 이해할 수 없는 사건이 있는데 그것은 곧 요한복음 8장에 등장된 간음한 여인에게 예수님께서 행한 처사입니다. 마음에 음욕을 품기만 하여도 이미 간음한 자라고 말씀을 하신 예수님께서 무슨 이유로 하나님의 법을 어기고 간음하다 현장에서 잡힌 여인을 용서해 주셨을까 하는 것입니다. 이 사건을 막연히 예수님은 사랑이시기 때문이라고 일축해 버리면 절대로 안 됩니다. 왜냐하면 이러한 처사는 하나님의 공의와 질서가 무너지기 때문입니다. 그러므로 이 사건은 자세히 살펴보아야 합니다.

[요한복음 8장 3절-11절] 서기관들과 바리새인들이 간음 중에 잡힌 여자를 끌고 와서 가운데 세우고 예수께 말하되 선생이여 이 여자가 간음하다가 현장에서 잡혔나이다 모세는 율법에 이러한 여자를 돌로 치라 명하였거니와 선생은 어떻게 말하겠나이까 저희가 이렇게 말함은 고소할 조건을 얻고자 하여 예수를 시험함이러라 예수께서 몸을 굽히사 손가락으로 땅에 쓰시니 저희가 묻기를 마지 아니하는지라 이에 일어나 가라사대 너희 중에 죄 없는 자가 먼저 돌로 치라 하시고 다시 몸을 굽히사 손가락으로 땅에 쓰시니 저희가 이 말씀을 듣고 양심의 가책을 받아 어른으로 시작하여 젊은이까지 하나씩 하나씩 나가고 오직 예수와 그 가운데 섰는 여자만 남았더라 예수께서

일어나사 여자 외에 아무도 없는 것을 보시고 이르시되 여자여 너를 고소하던 그들이 어디 있느냐 너를 정죄한 자가 없느냐 대답하되 주여 없나이다 나도 너를 정죄하지 아니하노니 가서 다시는 죄를 범치 말라 하시니라.

　상기의 말씀은 서기관들과 바리새인들이 간음하다 현장에서 잡힌 여자를 예수님께 끌고 와서 예수님을 시험하는 장면입니다. 진퇴양난에 처한 예수님은 아무 말씀도 하지 않으시고 몸을 구부려 땅에 글을 두 번 쓰셨다고만 기록되어 있습니다. 그런데 예수님께서 무슨 말을 어떻게 쓰셨는지는 성경에 기록이 되어 있지 않기 때문에 이천년이 지난 지금까지 아무도 모르고 있는 것입니다. 신학자들이 원어 성경을 찾아보아도 알 수 없고 금식을 하며 밤새 기도를 해도 알 수 없는 이 글은 과연 어떤 말씀일까요? 이 말씀을 이해하려면 이 사건의 배경을 알아야 합니다.

　유대인들은 간음한 여인을 돌로 치려고 온 것이 아니라 사실은 예수님을 올무에 걸어 돌로 치려고 하였던 자들입니다. 그런데 예수님이 아무 말도 하지 않고 허리를 구부려 땅에 쓴 글씨를 보고 돌로 치려고 모였던 유대인들이 아무런 말도 못하고 모두 돌아간 것입니다. 성경에는 이 말씀뿐만 아니라 도저히 알 수도 없고 풀리지도 않는 말씀들이 많이 있습니다. 그러므로 요한계시록에 사도요한이 이런 말씀을 열어보거나 풀어낼 사람이 없어 크게 울었다고 말씀하고 있는 것입니다.

그러나 성경은 예수님이나 사도 바울과 같이 계시의 눈이 열린 자들은 하나님의 깊은 것이라도 통달한다고 말씀하고 있습니다. 또한 하나님의 생명으로 거듭난 하나님의 아들들은 천국의 서기관된 자들로 천국 곳간에서 옛것과 새것을 마음대로 꺼낸다고 말씀하고 있습니다. 세례요한이 "나는 내 뒤에 오시는 분의 신들메 풀기도 감당할 수 없다"고 말하고 있는데, 이 말씀의 뜻은 예수님은 말씀을 푸는 자며 자신은 예수님의 말씀을 풀 수 없다는 뜻입니다. 이렇게 간음한 여인을 돌로 치거나 용서할 수 있는 분은 오직 예수님뿐이며 그곳에 모여 있는 자들은 서기관이나 바리새인들도 죄인의 몸으로 간음한 여인을 돌로 칠 수도 없고 용서할 수도 없는 자들입니다.

그러면 예수님은 과연 땅에 무엇이라 쓰셨을까요? 예수님이 땅에 두 번 엎드려 쓰신 글의 하나는 "너희는 마음과 뜻과 정성을 다하여 주 너희 하나님을 사랑하라"이며 다시 몸을 구부려 두 번째 쓰신 말씀은 "네 이웃을 네 몸과 같이 사랑하라"라는 말씀입니다. 예수님은 이 두 계명을 기록하시고 이 계명을 모두 이룬 자가 먼저 돌로 치라고 말씀하신 것입니다. 그곳에 모인 유대인들은 모두 예수님이 기록한 말씀을 보고 자신은 하나님의 계명을 이루지 못했다는 것과 자신들이 바로 간음한 여인과 같은 죄인이라는 것을 깨닫고 마음에 가책이 되어 돌을 놓고 모두 돌아가게 된 것입니다. 이 때 예수님은 간음한 여인에게 나도 너를 정죄하지 않겠다고 말씀하시면서 육신적인 간음도 다시는 범치 말라고 말씀하고 있습니다.

하나님의 모든 말씀이 그러하듯이 이 세상에서 일어나는 육신적인 간음은 이미 세상의 법으로 다스리고 있는 일이며 성경을 통하여 하나님께서 하나님의 백성들에게 간음하지 말라고 명하시는 간음은 모두 영적인 간음을 말씀하고 있습니다. 즉 하나님께서 말씀하시는 간음은 두 주인, 즉 진리의 하나님과 기복의 하나님을 오고가며 간음하듯이 섬기는 것을 말하고 있습니다. 하나님은 유대인들에게 만왕의 왕이신 예수님을 구원자로 보내주셨습니다. 그런데 하나님의 백성인 유대인들은 이미 "가이사"라는 그들의 왕을 모시고 간음을 하고 있었습니다. 그러므로 유대인들은 하나님께서 보내주신 진정한 유대의 왕(예수)을 배척하고 십자가에 못 박아 죽인 것입니다.

[요한복음 19장 14절-15절] 보라 너희 왕이로다. 저희가 소리 지르되 없이 하소서 없이 하소서 저를 십자가에 못 박게 하소서 빌라도가 가로되 내가 너희 왕을 십자가에 못 박으랴 대제사장들이 대답하되 가이사 외에는 우리에게 왕이 없나이다.

상기의 말씀은 빌라도가 유대인들에게 예수를 가리키며 너희의 왕이라고 말하는데 유대인들은 우리의 왕은 가이사 외에는 없다면서 예수를 십자가에 못 박게 하라고 소리치고 있는 것입니다. 빌라도는 이방인임에도 불구하고 예수님은 하나님께서 보내주신 유대의 왕이라는 것을 알고 있는데 유대인들이나 대제사장들은 예수님을 전혀 모르고 있는 것입니다. 이렇게 유대의 대제사장들이 하나님께서 보내주신 예수를 모른다는 것은 곧 하나님을 모른다는 것입니다. 왜냐하면 유대 제사장들이 믿고 섬기고 있는 하나님은 참 하나님이 아니라 다른 하나님이기 때문입니다. 그러므로 예수님께서 유대인들에게 너희 아버지는 거짓말 장이며 거짓의 아비라는 것과 너희는 너희 아비 마귀에서 났다고 말씀하신 것입니다.

[요한복음 8장 44절] 너희는 너희 아비 마귀에서 났으니 너희 아비의 욕심을 너희도 행하고자 하느니라 저는 처음부터 살인한 자요 진리가 그 속에 없음으로 진리에 서지 못하고 거짓을 말할 때 마다 제 것으로 말하나니 이는 저가 거짓말 장이요 거짓의 아비가 되었음이니라.

예수님은 유대인들에게 너희는 너희 아비 마귀에게서 났기 때문에 너희 아비의 욕심을 따라서 너희도 욕심을 행하고 있다고 말씀하고 있습니다. 그리고 너희 아비는 진리가 없어 하나님의 말씀을 전할 때마다 자기 것으로 거짓을 전하기 때문에 처음부터 영혼을 죽이는 거짓의 아비라고 말씀하시는 것입니다. 이렇게 유대인들은 하나님이 자기 아버지라고 주장을 하지만 예수님은 너희 아비는 하나님이 아니라 마귀이며 거짓말쟁이이며 처음부터 살인한 자라 말씀하시는 것입니다. 왜냐하면 유대인들의 아버지가 진정 하나님이라면 하나님께서 구원자로 보낸 하나님의 아들을 모르고 죽이지는 않기 때문입니다. 유대인들이 하나님께서 보내주신 아들을 모르고 배척하고 죽인 것은 유대인들이 믿고 섬기는 하나님은 참 하나님이 아니라 다른 하나님이기 때문입니다.

이와 같이 유대인들은 하나님께서 택한 백성임에도 불구하고 하나님께서 보내주신 예수님을 모르고 지금도 다른 예수(메시야)를 기다리고 있는 것입니다. 그런데 더욱 안타까운 것은 오늘날 기독교인들도 하나님께서 오늘날 구원자로 보내주신 하나님의 아들을 이단으로 배척하면서 구름타고 오신다는 재림예수를 기다리고 있다는 것입니다.

　하나님은 이렇게 하나님을 믿는다고 하면서 또 다른 하나님을 믿으며 다른 메시야를 기다리고 있는 자들을 간음하는 자라고 말씀하시는 것입니다. 유대인들은 이렇게 다른 하나님을 믿으며 예수님을 배척하고 죽인 죄로 가스실에 수천 명씩 집단으로 들어가 잔혹하게 죽어 간 것을 비롯해서 그 후손들도 대대손손이 온갖 핍박과 고통을 받게 된 것입니다. 이 모든 일들은 유대인들이 다른 하나님을 섬기며 하나님께서 구원자로 보내주신 예수를 모르고 이단으로 핍박하고 죽인 죄 때문입니다.

　또한 여호와 하나님을 믿고 섬기며 제사를 드리는 제사장들이 자기 욕심을 채우기 위해서 다른 하나님을 믿고 섬겼기 때문에 일어난 일들입니다. 하나님은 예레미야 선지자를 통해서 선지자와 제사장들에 대하여 이렇게 말씀하고 있습니다.

[예레미야 23장 9절-14절] 선지자들에 대한 말씀이라. 내 중심이 상하며 내 모든 뼈가 떨리며 내가 취한 사람 같으며 포도주에 잡힌 사람 같으니 이는 여호와와 그 거룩한 말씀을 인함이라. 이 땅에 행음하는 자가 가득하도다. 저주로 인하여 땅이 슬퍼하며 광야의 초장들이 마르나니 그들의 행위가 악하고 힘쓰는 것이 정직하지 못함이로다. 여호와께서 말씀하시되 선지자와 제사장이 다 사특한지라 내가 내 집에서도 그들의 악을 발견하였노라. 그러므로 그들의 길이 그들에게 흑암 중에 미끄러운 곳과 같이 되고 그들이 밀침을 받아 그 길에 엎드러질 것이라. 그들을 벌하는 해에 내가 그들에게 재앙을 내리리라 여호와의 말이니라. 내가 사마리아 선지자들 중에 우매함이 있음을 보았나니 그들은 바알을 의탁하고 예언하여 내 백성 이스라엘을 그릇되게 하였고 내가 예루살렘 선지자들 중에도 가증한 일이 있음을 보았나니 그들은 간음을 행하며 행악자의 손을 굳게 하여 사람으로 그 악에서 돌이킴이 없게 하였은즉 그들은 다 내 앞에서 소돔 사람과 다름이 없고 그 거민은 고모라 사람과 다름이 없느니라.

상기의 말씀은 하나님의 말씀을 대언하는 선지자와 하나님께 제사를 드리는 제사장들의 행음에 대해서 하시는 말씀입니다. 하나님은 선지자와 제사장이 다 사특하여 내 집, 곧 하나님의 성전에서도 악을 발견하였다고 말씀하고 있습니다. 왜냐하면  사마리아 선지자들은 우매함으로 인해 바알을 의탁하고 예언하여 내 백성 이스라엘을 그릇되게 하였고 예루살렘 선지자들은 가증하여 간음을 행하며 행악자의 악을 견고하게 만들어 악에서 돌이키지 못하게 하였기 때문이라는 것입니다.

그들은 모두 하나님 앞에서 소돔 사람과 다름이 없고 그 거민은 고모라 사람과 다름이 없다고 말씀하고 있습니다. 이렇게 이들은 하나님의 선지자와 제사장임에도 불구하고 바알을 의탁하여 예언하는 간음을 행하고 있는 것입니다. 때문에 예레미야 선지자는 이들이 간음하는 것과 악을 행하는 것을 목격하고 마음이 상하여 모든 뼈가 떨릴 정도로 놀랐다고 말하는 것입니다. 문제는 이러한 일들이 오늘날 교회에서도 수 없이 행해지고 있는 일들이라는 것입니다. 이렇게 예전이나 지금이나 교회가 음행으로 타락하게 된 것은 모두 목회자들 안에 있는 욕심 때문입니다.

[갈라디아서 5장 16절-17절] 내가 이르노니 너희는 성령을 좇아 행하라 그리하면 육체의 욕심을 이루지 아니하리라 육체

의 소욕은 성령을 거스리고 성령의 소욕은 육체를 거스리나니 이 둘이 서로 대적함으로 너희의 원하는 것을 하지 못하게 하려 함이니라.

하나님은 상기의 말씀을 통해서 너희는 모든 일을 성령을 따라서 행하라고 말씀하고 있습니다. 그러면 너희가 육체의 욕심을 이루지 않게 된다는 것입니다. 왜냐하면 너희 안에 있는 육체의 욕심은 성령을 훼방하며 성령의 소욕은 육체의 욕심을 훼방하여 너희가 원하는 것을 서로 못하게 하기 때문이라는 것입니다. 이렇게 육체의 소욕과 성령의 소욕은 서로 대적하면서 육신은 성령으로 행하는 것을 막고 성령은 육체로 행하는 것을 막고 있는 것입니다. 때문에 하나님의 뜻을 이루기 위해서 신앙생활을 하려면 반드시 성령을 쫓아서 행하라는 것입니다.

문제는 하나님의 백성들이 성령을 쫓아 행한다고 하면서 한 편으로는 육체를 따라서 행한다는 것입니다. 왜냐하면 육체의 소욕은 곧 사람의 생각과 자기 안에 있는 욕심을 말하고 있기 때문입니다. 이러한 행위가 곧 하나님의 생각과 자신의 생각을 넘나들며 두 주인을 섬기는 간음입니다. 왜냐하면 한 사람이 두 주인이나 두 남편을 섬길 수 없듯이 자기의 생각이나 욕심에 치우치면 하나님의 말씀에 소홀하게 되고, 하나님의 생각을 하며 하나님의 뜻을 이루려면 자신에게 둔한하게 되기 때문입니다.

이렇게 한 사람이 두 마리의 토끼를 동시에 잡을 수 없듯이 하나님의 뜻과 자신의 뜻을 모두 이루려 한다면 곧 간음하는 행위입니다. 즉 하늘의 신령한 복도 받고 땅의 썩어질 복도 받으려고 신앙생활을 한다면 곧 간음을 하는 것이라는 말입니다. 그런데 오늘날 목회자 중에는 우리가 예수를 믿음으로 이미 구원도 받고 천국을 가는 것도 보장되었으니 이제는 세상의 복을 넘치도록 받아 잘 살면 된다고 교인들에게 음욕을 불어넣는 목사님도 있다는 것입니다. 이렇게 목회자가 두마음을 품고 하늘의 복과 땅의 복을 겸하여 받으려 한다거나 교인들을 미혹한다면 간음을 하는 행위입니다.

예전에 두마음을 품고 하나님의 말씀을 대언하던 선지자가 바로 발람선지자입니다. 왜냐하면 발람선지자는 하나님의 말씀을 대언하면서도 마음은 발락이 장로들과 함께 보낸 예물에 치우쳐 있었기 때문입니다. 옛말에 중이 염불에는 생각이 없고 잿밥에만 가있다는 말이 있듯이 오늘날 목회자들도 목회를 열심히 하면서 마음은 교인들의 헌금에 가있다면 곧 간음을 하고 있는 것입니다. 이상과 같이 하나님께서 간음 하지 말라는 것은 육신적인 간음보다 주로 영적인 간음을 말씀하고 있는 것입니다. 문제는 육신적인 간음은 회개를 하면 용서받을 수 있지만 영적인 간음은 용서받을 수가 없다는 것입니다.

그러므로 오늘날 기독교인들은 하나님과 재물을 겸하여 섬기는 영적인 간음은 절대로 행하면 안 되는 것입니다. 왜냐하면 하나님은 섬겨야 하지만 재물은 섬기는 것이 아니라 정복하고 다스려야 하기 때문입니다. 그런데 오늘날 돈에 종노릇하며 돈을 하나님처럼 소중히 생각하는 사람이 얼마나 많습니까? 이렇게 오직 하나님만을 섬겨야 할 하나님의 종들이 돈을 하나님처럼 소중히 여기며 돈에 종노릇을 하고 있다면 곧 간음을 행하고 있는 것입니다.

이상과 같이 하나님의 백성들은 오직 하나님(말씀)만을 소중히 모시고 섬겨야하며 그 외에 어떤 말씀(비진리)이나 존재나 재물도 소중히 여기거나 종노릇하거나 섬기면 안 되는 것입니다.

# 십계명의 제8계명

도적질하지 말지니라.

## 제 8계명: 도적질하지 말지니라

동서고금을 막론하고 남의 물건을 도적질해서 먹고사는 도적들은 어느 시대 어느 곳에나 항상 존재하고 있습니다. 그런데 도적질하는 것은 신앙인들도 모양이 좀 다를 뿐 예외가 아니라 생각합니다. 도적질이란 정당하게 노력을 하여 재물을 얻는 것이 아니라 남의 물건이나 재산을 훔치거나 사기를 쳐서 소유하는 것을 말합니다. 도적은 세상에서 흔히 볼 수 있는 육신적인 도적과 신앙인들 가운데서 일어나고 있는 영적인 도적이 있습니다. 그런데 하나님께서 도적질하지 말라고 하는 것은 육신적인 도적질 보다 하나님 백성들 가운데서 행해지고 있는 영적인 도적질을 말씀하고 있습니다.

도적이라는 단어는 히브리어로 가나브(גָּנַב)라고 쓰며 뜻은 "도둑질하다, 훔치다, 속이다, 살그머니 가져가다, 비밀리에 가져가다" 등의 뜻입니다. 이 세상에서 도적질이란 의미는 반드시 재물에만 국한되는 것이 아니라 여러 가지로 생각할 수 있는데, 명예나 권력, 혹은 기술이나 예술 등을 도용하거나 탈취하는 것도 모두 포함이 되는 것입니다. 요즈음 정치권에서 비자금 소동으로 수많은 정치인과 경제인들이 문제가 되어 줄줄이 구속되고 있는데, 비자금이란 정상적인 경로를 통하여 유입되는 정당한 자금이 아니라 비공식 통로나 편법으로 조성한 자금을 말하고 있습니다.

오늘날 작가들 간에 저작권 침해나 위조 상품 혹은 상표 도용 등으로 많은 문제가 되고 있는데 이 모든 것도 일종의 도적질에 해당되는 것입니다. 최근에 우리사회에서 각종 모양의 도적들이 날로 늘어가고 있는데, 이제는 단순한 도적의 차원을 넘어서 흉악한 강도들로 변모해 가고 있습니다. 이러한 강도들은 불로소득으로 일확천금을 얻으려는 허황된 욕심과 탐심 때문에 나타나는 것입니다. 이렇게 인간들의 마음속에 깊이 자리 잡고 있는 욕심을 억제하지 못하면 죄를 범하게 되며 죄를 범한 죄인들의 결국은 가혹한 형벌은 물론 죄과에 따라 사형도 당하게 되는 것입니다.

이와 같이 도적이나 강도는 현실 가운데서 다양하게 여러 형태로 나타나는데 물건을 직접 훔치지는 않았다 해도 비공식 루트나 부정한 방법으로 재물이나 이권을 취하는 것은 모두 도적질에 해당되는 것입니다. 이렇게 도적질은 인간들의 악한 행실로서 세상의 법으로 금하고 있으며, 학교에서나 가정에서도 어릴 때부터 도적질하면 안 된다고 가르치고 있습니다. 이렇듯이 도적질을 하면 안 된다는 것은 하나님의 법이나 세상의 법 이전에 윤리도덕이나 사람의 기본 양심으로도 이미 알고 있는 일입니다.

우리나라는 예로부터 유교사상을 바탕으로 뿌리내려온 동방예의지국으로서 예의범절이 바르며 인심이 좋은 나라로 자부해 왔습니다. 또한 우리나라 종교는 처음에 무속신앙으로 출발하였지만 불교가 들어오면서 수많은 불자들을 산출해 냈으며 훗날 기독교가 들어오면서 교회들이 급성장을 하여 엄청난 수의 기독교인들을 만들어 낸 것입니다. 그러므로 이제 불교인들의 수는 천만이나 된다고 하며 기독교인들의 수는 천만이 넘는다고 큰소리치고 있는 것입니다. 이렇게 불교의 근본사상은 자비요 기독교는 사랑이라고 말하면서 나름대로 사랑과 자비를 실천하고 있는데 무엇 때문에 사회는 점점 부패해지며 악해지고 있을까요? 그 이유는 종교인들이 빛과 소금의 사명을 다하지 못하기 때문인데, 그보다는 영적지도자들 자체가 욕심으로 말미암아 부패해 있기 때문입니다.

그러므로 하나님은 말라기서를 통해서 하나님의 백성들에게 너희 온 나라가 나의 것을 도적질하였다고 말씀하고 있습니다. 그런데 하나님의 이러한 말씀에 유대인들이나 오늘날 기독교인들은 의아해하며 우리가 언제 하나님의 것을 도적질했느냐고 반문하고 있는 것입니다.

[말라기서 3장 8절-9절] 사람이 어찌 하나님의 것을 도적질 하겠느냐 그러나 너희는 나의 것을 도적질하고도 말하기를 우리가 어떻게 주의 것을 도적질 하였나이까 하도다 이는 곧 십일조와 헌물이라 너희 곧 온 나라가 나의 것을 도적질 하였으므로 너희가 저주를 받았느니라.

하나님은 말라기서를 통해서 너희 온 나라가 나의 것을 도적질하여 저주를 받았다고 말씀하고 있습니다. 하나님께서 말씀하시는 너희 나라는 이스라엘 백성, 즉 오늘날 하나님의 백성들을 말하고 있습니다. 그런데 하나님의 백성들은 우리가 어떻게 하나님의 것을 도적질하느냐고 항의를 하는 것입니다. 만일 하나님께서 도적질을 하지 않은 사람에게 도적질을 했다고 한다면 위증을 하는 것이며 하나님이 위증을 한다면 절대로 하나님이라고 할 수가 없습니다. 그러므로 하나님은 하나님의 백성들이 분명히 하나님의 것을 도적질했기 때문에 도적질을 했다고 말씀하시는 것입니다.

하나님께서 하나님의 백성들이 도적질을 한 것은 십일조와 헌물이라 말씀하고 있습니다. 그런데 오늘날 기독교인들 중에 십일조와 헌물을 드리지 않는 교인은 거의 없다고 생각합니다. 그러면 하나님께서 너희 온 나라가 나의 것을 도적질했다는 말씀은 분명히 위증이라 할 수 있습니다. 그런데 하나님께서 말씀하신 뜻을 영적으로 올바로 깨닫는다면 하나님께서 하신 말씀은 모두 사실이라는 것을 알 수 있습니다. 오늘날 기독교인들은 하나님께서 말씀하시는 십일조와 헌물은 소득의 십일조와 헌금이라고만 생각하고 있습니다. 그러나 하나님께서 드리라는 온전한 십일조는 하나님의 의와 인과 신을 말하며 헌물은 박하와 회향과 근채를 말하고 있습니다. 즉 하나님이 받으시는 십일조는 아벨이 하늘의 소산으로 드린 양과 기름이며 헌물은 가인이 땅의 소산으로 드린 곡식이라는 것입니다.

　그런데 양과 기름은 곧 진리와 성령을 말하며 곡식은 소득의 일부를 드리는 헌물(헌금)을 말하고 있습니다. 문제는 진리와 성령이 무엇이며 또 어디 있느냐 하는 것입니다. 진리의 성령은 하나님의 생명으로 거듭난 하나님의 아들 안에 있으며 아들의 입에서 나오는 생명의 말씀이 곧 진리의 성령입니다. 때문에 예수님께서 내가 너희에게 이른 말이 곧 영이요 생명이라 말씀하신 것입니다. 그런데 하나님의 백성들이 생명의 말씀을 받아서 변화된 자신의 몸을 제물로 하나님께 드려야하는데 모두 생명의 말씀을 기복으로 바꾸어 유익의 재료로 사용하고 있는 것입니다.

오늘날 삯군목자들은 말라기서 3장 10절 말씀을 인용하여 교인들에게 하나님께 온전한 십일조를 드리면 하나님께서 하늘 문을 열고 복을 쌓을 곳이 없도록 붓지 아니하나 시험까지 해보라고 큰 소리치며 헌금을 강요하고 있습니다. 이렇게 오늘날 삯군목자들은 하늘의 신령한 복(진리와 성령)을 땅의 썩어질 복(돈)으로 둔갑시켜 교인들로부터 헌금을 탈취하고 있는 것입니다. 하나님은 이렇게 생명의 말씀을 기복의 말씀으로 바꾸어 자기 욕심을 채우고 있는 자들에게 너희는 나의 것을 도적질하였다고 말씀하고 있는 것입니다.

예수님께서 너희가 박하와 회향과 근채의 십일조는 드리되 더 중한 의와 인과 신은 버렸다고 말씀하신 것도 바로 이 때문입니다. 예수님께서 말씀하시는 의와 인과 신은 진리의 성령을 말하며 박하와 회양과 근채는 소득의 십일조, 즉 헌금을 말하고 있습니다. 문제는 하나님께서 너희 온 나라, 즉 모든 하나님의 백성들이 하나님의 것을 도적질했다고 말씀하고 있다는 것입니다. 그런데 오늘날 기독교인들도 우리가 무엇을 언제 도적질했는지 조차도 모르고 있다는 것입니다. 하나님께서 드리라는 십일조는 하나님의 백성들이 하나님의 말씀으로 변화를 받아 하나님의 마음으로 변화된 마음을 제물로 드리라는 것입니다. 그런데 하나님의 말씀을 취하여 자신의 유익이나 욕심을 채우기 위해 사용을 하고 있다면 곧 하나님의 것을 도적질한 것입니다.

도적이 남의 물건을 도적질을 하는 것은 자기 소유로 만들거나 팔아서 돈을 치부하여 욕심을 채우기 위해서입니다. 오늘날 삯군목자들도 진리의 성령 곧 생명의 말씀을 기복으로 바꾸어 전하는데 이것은 교인들을 기복으로 미혹하여 자기 욕심을 채우려는 것입니다. 이렇게 목회자들이 하나님의 말씀을 가지고 영혼을 구원하는데 사용하지 않고 자기 욕심을 채우기 위해서 사용하고 있다면 모두 하나님의 말씀을 도적질하고 있는 것이며 말씀을 팔아서 장사를 하는 행위입니다.

그러므로 예수님은 오늘날 삯군목자들이 자기욕심을 채우기 위해 하나님의 말씀을 도적질해 가지고 교회 안에서 소(하나님)와 양(예수님)과 비둘기(성령)를 팔고 있다고 진노를 하시며 질책을 하시는 것입니다.

[요한복음 2장 13절-16절] 유대인의 유월절이 가까운지라 예수께서 예루살렘으로 올라가셨더니 성전 안에서 소와 양과 비둘기 파는 사람들과 돈 바꾸는 사람들의 앉은 것을 보시고 노끈으로 채찍을 만드사 양이나 소를 다 성전에서 내어 쫓으시고 돈 바꾸는 사람들의 돈을 쏟으시며 상을 엎으시고 비둘기 파는 사람들에게 이르시되 이것을 여기서 가져가라 내 아버지의 집으로 장사하는 집을 만들지 말라하시니 제자들이 성경 말씀에 주의 전을 사모하는 열심이 나를 삼키리라 한 것을 기억하더라.

예수님께서 예루살렘성전으로 들어가시니 성전 안에서 소와 양과 비둘기를 파는 사람들과 돈 바꾸는 사람들의 앉은 것을 보시고 노끈으로 채찍을 만들어 양이나 소를 다 성전에서 내어 쫓으시고 돈 바꾸는 사람들의 돈을 쏟으시며 상을 엎으시고 비둘기파는 사람에게 이르시되 이것을 여기서 가져가라고 소리치시며 내 아버지의 집으로 장사하는 집을 만들지 말라고 질책을 하고 있습니다.

오늘날 기독교인들이 이 말씀을 보면서 예전에는 예루살렘 성전 안에서 소와 양과 비둘기를 팔고 있었다고 생각하고 있습니다. 그러나 유대 제사장들이 예루살렘 성전 안에서 팔았던 소와 양과 비둘기는 하나님(소)과 예수님(양)과 성령(비둘기)을 비유로 말씀하신 것입니다.

오늘날 교회에서 부흥집회를 할 때나 기도원에서 집회를 할 때 목사님들이 교인들에게 성령(비둘기)받을 줄로 믿고 감사(헌금)하라고 말하며 은혜(양)받을 줄로 믿고 감사(헌금)하라는 것은 곧 성령과 예수님을 팔아서 장사를 하는 행위입니다. 그리고 돈을 바꾼다는 것은 실제 돈을 바꾸는 것이 아니라 하나님의 형상을 가이사의 형상(마귀)으로 바꾸는 행위를 말하고 있습니다. 예수님은 이렇게 성전 안에서 하나님의 말씀을 팔아 돈을 치부하고 하나님의 백성들의 형상을 마귀의 형상으로 바꾸고 있는 제사장들을 보시고 진노하셔서 노끈으로 채찍을 만들어 성전에서 모두 내어 쫓으신 것입니다. 이러한 일들은 예전이나 오늘날이나 동일하게 일어나고 있는 일들입니다. 이렇게 제사장들이나 목회자들이 성전 안에서 하나님의 말씀을 팔아서 장사하기 때문에 하나님께서 진노하고 계신 것입니다. 그럼에도 불구하고 제사장들이나 목회자들은 하나님을 조금도 두려워하지 않고 지금도 성전 안에서 말씀을 팔아 장사를 하고 있는 것입니다. 그러므로 하나님은 예레미야를 통해서 이렇게 말씀하시는 것입니다.

[예레미야 23장 29절-32절] 나 여호와가 말하노라 내 말이 불같지 아니하냐 반석을 쳐서 부스러뜨리는 방망이 같지 아니하냐 나 여호와가 말하노라. 그러므로 보라 서로 내 말을 도적질하는 선지자들을 내가 치리라 나 여호와가 말하노라 보라 그들이 혀를 놀려 그가 말씀하셨다 하는 선지자들을 내가 치리라 나 여호와가 말하노라 보라 거짓 몽사를 예언하여 이르며 거짓과 헛된 자만으로 내 백성을 미혹하게 하는 자를 내가 치리라 내가 그들을 보내지 아니하였으며 명하지 아니하였나니 그들이 이 백성에게 아무 유익이 없느니라 여호와의 말이니라.

상기의 말씀은 하나님을 두려워하지 않는 선지자들, 즉 목회자들에게 하시는 경고의 말씀입니다. 하나님께서 내 말을 도적질 하는 선지자들을 향해 내 말이 불같지 아니 하냐 반석을 쳐서 부스러뜨리는 방망이 같지 아니 하냐고 하시면서 내가 그들을 치겠다고 말씀하고 있습니다. 왜냐하면 이들은 혀를 놀려 하나님이 말씀하셨다고 거짓 몽사를 예언하며 거짓과 헛된 자만으로 내 백성을 미혹하기 때문이라는 것입니다.

이런 거짓선지자들은 하나님이 보내지 않았고 명하지도 않은 자들이며 아무런 소용이 없는 자들이라 말씀하고 있습니다. 그런데 이런 거짓선지자와 삯군목자들은 자기가 곧 하나님께서 보낸 선지자요 목자라고 속이며 하나님의 백성들을 미혹하고 있는 것입니다.

진정한 하나님의 선지자나 목자들은 예전이나 지금이나 변함없이 하나님이나 하나님의 아들들을 통하여 기름 부어 세우십니다. 그러므로 오늘날 하나님의 선지자나 목자들도 하나님의 아들을 통해서 기름 부어 세우시는 것입니다. 그런데 오늘날 이 세상에는 아직 하나님의 생명으로 거듭나지 못한 삯군목자들이 안수를 하여 목자를 세우고 있습니다.

이들이 바로 선지자의 직분을 도적질한 자요 하나님의 말씀을 도적질하여 교회 안에서 장사하는 삯군 목자들입니다. 예수님은 이런 자들을 가리켜 "양의 옷을 입고 너희에게 나오나 속은 노략질(강도질)하는 이리"라고 말씀하시는 것입니다. 그런데 이들이 하나님의 말씀을 함부로 도적질해서 선지자 노릇을 하고 있는 것은 하나님을 두려워하지 않기 때문입니다. 그러므로 하나님은 이런 자들을 향해 내 말이 불과 같지 아니하냐 아니면 반석을 쳐서 부수는 방망이 같지 아니하냐고 경고하시는 것입니다.

그럼에도 불구하고 이러한 거짓 목자들이 하나님의 이름

으로 일컫는 하나님의 성전에서 무익한 거짓말을 하며 도적질하며 살인을 하며 간음을 하며 거짓맹세를 하면서 바알(다른 하나님)에게 분향(제사)까지 하고 있다는 것입니다.

하나님은 이러한 자들을 향하여 진노하시며 하나님의 거룩한 성전이 너희 눈에는 도적의 굴혈(소굴)로 보이느냐고 말씀하고 있습니다.

[예레미야 7장 8절-11절] 너희가 무익한 거짓말을 의뢰하는도다. 너희가 도적질하며 살인하며 간음하며 거짓 맹세하며 바알에게 분향하며 너희의 알지 못하는 다른 신들을 좇으면서 내 이름으로 일컬음을 받는 이 집에 들어와서 내 앞에 서서 말하기를 우리가 구원을 얻었나이다 하느냐 이는 이 모든 가증한 일을 행하려 함이로다. 내 이름으로 일컬음을 받는 이 집이 너희 눈에는 도적의 굴혈로 보이느냐 보라 나 곧 내가 그것을 보았노라 여호와의 말이니라.

상기의 말씀은 하나님께서 어느 시대 누구에게 하시는 말씀일까요? 오늘날 기독교인들은 하나님의 말씀은 항상 살아 계셔서 지금 우리에게 주시는 말씀이라고 말하고 있습니다. 그러면 기독교인들이 과연 지금 이 말씀도 오늘날 우리에게 주시는 말씀이라고 받아들이고 있을까요? 만일 이 말씀이 하나님께서 오늘날 기독교인들에게 주시는 말씀이요, 또한 오늘날 현실 가운데 일어나고 있는 일이라는 것을 깨닫고 받아들인다면 지금 모두 죄 가운데 앉아서 회개하였을 것이며 하나님께서는 모든 죄를 용서해 주셨을 것입니다. 그러나 상기의 말씀을 오늘날 기독교인들을 향해 책망하시는 말씀이라고 받아들이는 교회나 목자는 단 한 사람도 없다고 생각합니다.

그 이유는 모두가 우리 교회만은 올바른 교회요 자신은 참 목자라고 생각하고 있기 때문입니다. 그러나 하나님께서는 이렇게 착각을 하고 있는 오늘날 교회와 삯군목자들에게 계속하여 너희는 내 이름으로 일컬음을 받는 집에서 무익한 말(비진리)을 의지하면서 도적질하며 살인하며 간음을 하며 거짓맹세를 한다고 말씀하시는 것입니다.

목회자들이 교회에서 하는 무익한 거짓말은 바로 예수를 믿으면 이미 구원을 받은 것은 물론 하나님의 아들이 되었다는 말입니다. 그러나 하나님께서 말씀하시는 구원은 애굽에서 광야로 출애굽 했을 때 구원이라 말씀하시며 생명은 광야의 훈련을 마친 자들이 가나안 땅으로 들어가 하나님의 아들로 거듭날 때 생명이라 말씀하고 있습니다.

그런데 출애굽도 못한 애굽 교인들이 어떻게 구원을 받았으며 언제 하나님의 아들이 되었단 말인가요? 이렇게 삯군목자들이 가증한 거짓말을 하는 것은 도적질을 하기 위함이라는 것인데 도적질이란 하나님의 영혼들을 자기교인을 만드는 것이며 축복의 말씀으로 미혹하여 헌금을 갈취하는 행위를 말합니다. 그러므로 하나님은 하나님의 교회가 너희 눈에는 강도의 소굴로 보이느냐고 말씀을 하시며 지금도 한탄하고 계신 것입니다.

[레위기 19장 11절-12절] 너희는 도적질하지 말며 속이지 말며 서로 거짓말하지 말며 너희는 내 이름으로 거짓 맹세함으로 네 하나님의 이름을 욕되게 하지 말라. 나는 여호와니라.

상기의 말씀에 하나님께서 도적질하지 말라는 것은 세상의 재물이나 권력이나 명예와 같은 것들을 도적질하지 말라는 것이 아니라 하나님의 것, 즉 하나님의 말씀을 도적질하지 말고 또 하나님의 백성들을 도적질하지 말라는 것입니다. 그런데 하나님의 백성들은 도적질을 이미 당하고 있거나 자신도 도적질하고 있으면서도 무엇이 도적질인지를 모르고 있다는 것입니다. 도적질이란 위에서 말씀드린 바와 같이 세상에서 일어나고 있는 일반적인 도적질이 아니라 하나님의 것을 자기 것으로 만드는 것을 말합니다. 하나님의 백성들이 절대로 잊으면 안 되는 것은 하나님은 창조주이시며 주인이시라는 것입니다. 그리고 인간들은 하나님께서 창조한 피조물이며 종이기 때문에 인간들의 모든 것이 모두 하나님의 것입니다.

그런데 이러한 것을 망각하고 하나님의 것을 내 것으로 착각하고 하나님의 것을 내 것으로 만들고 있는 것입니다. 특히 목회자들은 내 교회 내 교인 내 재산 하면서 교회를 부흥시키고 대형화해 가고 있습니다. 이와 같이 이 세상에는 예수님을 주로 믿고 섬긴다는 교회도 많고 목회자들도 많고 교인들도 많은데 예수님은 이렇게 수많은 교회들 중에 "인자가 머리 둘 곳이 하나도 없다"고 한탄하고 계십니다. 왜냐하면 오늘날 교회들은 하나님의 교회나 예수님의 교회가 아니라 모두 목사님들의 교회이기 때문입니다. 이렇게 목회자들이 입술로는 하나님의 교회라고 말을 하지만 속으로는 모두 자기 교회라고 생각을 하고 있으며 교인들도 말로는 하나님의 것이라 말은 하지만 속으로는 모두 자기 것으로 치부하고 있는 것입니다.

때문에 하나님께서 나의 것을 도적질하고 있는 자들이 거짓선지자나 삯군목자들 뿐만이 아니라, 온 나라가 도적질을 하였다고 말씀하고 있는 것입니다. 그러므로 하나님께서 너희는 나의 것을 도적질 하지 말며 말씀으로 속이지 말며 서로 거짓말하지 말라고 하시는 것입니다.

그리고 너희는 교인들에게 내 이름으로 거짓 맹세하여 네 하나님의 이름을 욕되게 하지 말라고 엄히 명하시는 것입니다. 그러나 오늘날 목회자들은 이런 말씀을 도외시하고 자기 욕심을 채우기 위해서 혈안이 되어 있는 것입니다. 때문에 하나님께서 로마서를 통해서 이렇게 말씀하고 있는 것입니다.

[로마서 2장 17절-24절] 유대인이라 칭하는 네가 율법을 의지하며 하나님을 자랑하며 율법의 교훈을 받아 하나님의 뜻을 알고 지극히 선한 것을 좋게 여기며 네가 율법에 있는 지식과 진리의 규모를 가진 자로서 소경의 길을 인도하는 자요 어두움에 있는 자의 빛이요 어리석은 자의 훈도요 어린 아이의 선생이라고 스스로 믿으니 그러면 다른 사람을 가르치는 네가 네 자신을 가르치지 아니하느냐 도적질 말라 반포하는 네가 도적질하느냐 간음하지 말라 말하는 네가 간음하느냐 우상을 가증

히 여기는 네가 신사 물건을 도적질하느냐 율법을 자랑하는 네가 율법을 범함으로 하나님을 욕되게 하느냐. 기록된 바와 같이 하나님의 이름이 너희로 인하여 이방인 중에서 모독을 받는도다.

　상기의 말씀과 같이 소경된 인도자들은 하나님의 말씀을 의지하며 하나님을 자랑하면서 율법과 진리의 지식을 가지고 사람들을 가르치고 있지만 자신은 하나님의 말씀으로 거듭나려고 하지 않고 있는 것입니다. 왜냐하면 이들은 예수를 믿고 입으로 시인하여 이미 거듭나서 하나님의 아들이 되었다고 믿고 있기 때문입니다.

　이러한 자들은 하나님께서 성경을 통하여 말씀하고 계신 구원에서 생명에 이르는 길, 즉 하나님의 아들이 되는 과정을 전혀 모르고 있는 것입니다. 그러므로 이들은 세상에서 듣고 배운 지식의 말씀으로 가르쳐서 교인들을 구원시키며 예수 그리스도를 믿음으로 이미 거듭나서 모두 하나님의 아들이 되었다고 의식화시키고 있는 것입니다. 이러한 자들이 바로 다른 하나님과 다른 복음을 소유한 자들인데, 이들이 바로 하나님의 것을 도적질한 자이며 하나님의 이름을 망령되게 모독하는 자들입니다.

이렇게 소경된 인도자와 삯군 목자들로 인해서 하나님의 거룩한 이름이 이방인들에게 모독을 받게 되는 것입니다. 이와 같이 하나님의 백성들이 이 세상에서 범한 육신적인 도적질이나 간음이나 살인은 하나님 앞에서 모두 용서를 받을 수 있지만 하나님께서 십계명을 통하여 명령하고 계신 영적인 도적질이나 간음이나 살인은 절대로 용서하지 않으신다는 것을 알아야 합니다.

　왜냐하면 이러한 모든 죄는 성령을 훼방하는 죄이기 때문입니다. 그러므로 하나님의 말씀을 몰라서 지금까지 거짓선지자나 삯군목자들에게 미혹된 자들은 하루속히 그 곳에서 벗어나 참목자를 찾아가야 합니다. 또한 하나님께서 이 시대에 구원자로 보내주시는 참목자를 만나서 구원자로 믿고 그의 말씀을 듣고 말씀대로 순종을 하여 모두가 하나님의 아들로 거듭나야 합니다. 이렇게 하나님의 생명으로 거듭나면 하나님의 아들들이 되어 이시대의 구원자(예수), 즉 참목자가 되는 것입니다.

　하나님은 이렇게 하나님의 말씀(계명)으로 구원시킨 영혼들을 헌물로 받으시며 하나님의 생명으로 거듭난 하나님의 아들들을 온전한 십일조로 받으시는 것입니다. 그러므로 아직 땅에 속해 있는 하나님의 백성들은 모두가 성령과

진리로 거듭나서 자기 자신을 온전한 십일조로 하나님께
제물로 드려야 하는 것입니다.

이것이 곧 하나님의 백성들이 도적의 누명을 벗는 길이
요, 도적질하지 말라는 하나님의 계명을 지키는 것입니다.

# 십계명의 제9계명

네 이웃에 대하여 거짓증거하지 말지니라.

제 9계명: 네 이웃에 대하여 거짓증거하지 말지니라.


　하나님을 믿고 섬기며 살아가는 하나님의 백성들의 소망이나 신앙의 목적은 사람에 따라 각기 다르겠지만 신앙생활을 통해서 거짓된 마음을 진실한 마음으로 바꾸어 가는 것이라 생각합니다. 왜냐하면 하나님은 진실의 본체이시며 하나님의 나라도 진실의 세계이기 때문에 진실하지 않은 사람은 천국에 들어갈 수가 없기 때문입니다. 그러므로 하나님께서는 하나님의 백성들에게 항상 진실을 요구하며 진실한 존재가 되라고 말씀하고 있는 것입니다. 사람들이 생활 속에서 거짓말을 하거나 거짓 증거를 하는 것은 자기 유익을 위해서 혹은 자신의 욕심을 채우기 위해 하는 것인데 이것은 신앙인들도 예외가 아니라 생각합니다. 오늘날 사회가 부패하고 교회가 부패하게 된 것도 모두 자기 욕심을 채우기 위한 거짓말이나 거짓증거로부터 시작되었다 해도 과언이 아니라 생각합니다.

　그러므로 제 9계명은 하나님께서 하나님의 백성들에게 너는 네 이웃에 대하여 거짓 증거를 하지 말라고 명하시는 것인데 거짓 증거는 곧 위증을 하지 말라는 것입니다. 하나님께서 네 이웃에 대하여 거짓 증거 하지 말라고 하시는 이유는 하나님의 백성들이 이웃에 대하여 이미 거짓 증거를 하고 있기 때문입니다. 이웃에 대한 거짓증거는 어제 오늘 있었던 일이 아니라 예전부터 지금까지 끊임없이 계속되어 온 일인데 이것은 앞으로도 계속될 것이라 생각합니다. 유대교와 기독교의 부패와 멸망은 모두 이웃에 대한 거짓 증거로부터 시작되었다고 해도 과언이 아니라 생각합니다.

하나님의 백성들이 지금까지 살인을 하고 간음하고 도적질하는 이유도 알고 보면 모두 이웃에 대하여 거짓증거를 하는 거짓목자와 삯군목자들 때문에 일어난 일들입니다. 하나님의 백성들이 이웃에 대해 거짓증거를 하는 것은 자신의 유익 때문이거나 아니면 자기의 잘못을 감추기 위해서 하는 것입니다. 문제는 이웃에 대하여 거짓증거를 하기 때문에 죄 없는 이웃이 죄인이 되어 온갖 핍박과 고통을 받게 된다는 것입니다. 그러므로 남에게 거짓증거를 하는 위증죄나 무고죄는 세상의 법으로도 엄히 중죄로 다스리고 있습니다.

오늘날 검찰청이나 경찰서에 가보면 열 사람의 죄인을 놓칠지라도 한사람이라도 무고한 죄인으로 만들지 말라는 표어를 볼 수 있습니다. 그런데 진리를 추구하며 진실하게 살기 위하여 하나님을 믿고 신앙생활하고 있는 하나님의 백성들이 이웃에 대하여 거짓 증거를 한다면 그 죄가 얼마나 크겠습니까? 왜냐하면 거짓말이나 거짓 증거는 무고한 사람을 죄인으로 만들며 나아가서는 거짓증거로 인해서 죄 없는 사람이 억울한 죽음을 당하기도 하기 때문입니다.

그러므로 아무리 자신에게 불 유익이 온다 해도 절대로 거짓증거를 해서는 안 되는 것인데 만일 하나님을 믿고 섬기는 하나님의 백성들이 거짓증거를 해서 무고한 사람을 죄인으로 만든다면 그 죄가 얼마나 클까요? 그런데 하나님께서 제 9계명을 통하여 거짓 증거를 하지 말라는 대상은 바로 하나님의 백성들 가까이 있는 네 이웃을 말씀하고 있습니다. 그러면 하나님께서 말씀하시는 네 이웃이 누구인지를 먼저 알아야 합니다.

오늘날 기독교인들은 하나님께서 말씀하고 계신 네 이웃을 자기 집 가까이 살고 있는 사람들이나 가까운 친척들 정도로 알고 있습니다. 그런데 하나님께서 말씀하시는 네 이웃은 영적인 의미로 하나님의 백성들에게 가장 가까이 계시며 자나 깨나 항상 옆에 모시고 살아가는 예수님을 말합니다.

그러므로 제 9계명을 통해서 말씀하고 계신 기독교인들

의 네 이웃은 곧 예수님을 말씀하고 있는 것입니다. 그런데 기독교인들은 하나님께서 말씀하고 계신 이웃을 모르기 때문에 지금도 자기 이웃집에 살고 있는 가난한 자들을 돌보며 사랑을 베풀고 있는 것입니다.

문제는 교인들이 하나님의 말씀대로 이웃을 사랑한다고 가난하고 불쌍한 이웃을 찾아 사랑을 베풀고 있지만 이웃을 자기 몸과 같이 사랑할 수는 없다는 것입니다. 왜냐하면 내 자식도 내 몸과 같이 사랑할 수가 없는데 이웃을 내 몸과 같이 사랑한다는 것은 불가능한 일이기 때문입니다. 그러나 예수님은 그의 이웃인 예수님의 제자들을 자신의 몸과 같이 사랑을 하셨고 제자들 역시 자신들의 이웃인 예수님을 자신의 몸과 같이 사랑한 것입니다. 때문에 예수님의 제자들은 하나님의 생명으로 거듭나 하나님의 아들이 된 것입니다.

이렇게 하나님께서 말씀하고 계신 하나님의 백성들의 이웃은 곧 예수님을 말씀하고 있는 것입니다. 그러므로 제 9계명을 통해서 말씀하고 계신 네 이웃에 대하여 거짓증거하지 말라는 것은 세상의 이웃이 아니라 하나님의 백성들의 이웃인 예수님에 대하여 거짓증거하지 말라는 뜻입니다. 그러면 성경 본문 말씀을 통하여 예수님께서 말씀하고 계신 이웃에 대하여 살펴보기로 하겠습니다.

  [누가복음 10장 25절-37절] 어떤 율법사가 일어나 예수를 시험하여 가로되 선생님 내가 무엇을 하여야 영생을 얻으리이까. 예수께서 이르시되 율법에 무엇이라 기록되었으며 네가 어떻게 읽느냐. 대답하여 가로되 네 마음을 다하며 목숨을 다하며 힘을 다하며 뜻을 다하여 주 너의 하나님을 사랑하고 또한 네 이웃을 네 몸과 같이 사랑하라 하였나이다. 예수께서 이르시되 네 대답이 옳도다 이를 행하라 그러면 살리라 하시니 이 사람이 자기를 옳게 보이려고 예수께 여짜오되 그러면 내 이웃이 누구오니이까. 예수께서 대답하여 가라사대 어떤 사람이 예루살렘에서 여리고로 내려가다가 강도를 만나매 강도들이 그 옷을 벗기고 때려 거반 죽은 것을 버리고 갔더라. 마침 한 제사장이 그 길로 내려가다가 그를 보고 피하여 지나가고 또 이와 같이 한 레위인도 그 곳에 이르러 그를 보고 피하여 지나가되 어떤 사마리아인은 여행하는 중 거기 이르러 그를 보고 불쌍히 여겨 가까이 가서 기름과 포도주를 그 상처에 붓고 싸매고 자기 짐승에 태워 주막으로 데리고 가서 돌보아 주고 이튿날에 데나리온 둘을 내어 주막 주인에게 주며 가로되 이 사람을 돌보아 주라 부비가 더 들면 내가 돌아올 때에 갚으리라 하였으

니 네 의견에는 이 세 사람 중에 누가 강도 만난 자의 이웃이 되겠느냐 가로되 자비를 베푼 자니이다. 예수께서 이르시되 가서 너도 이와 같이 하라 하시니라.

상기의 말씀은 어떤 율법사가 예수님에게 영생은 무엇을 하여야 얻을 수 있으며, 내 이웃은 누구냐는 질문에 예수님께서 말씀하신 답변입니다. 이 질문은 오늘날 기독교인들도 예수님을 만나면 누구나 묻고 싶은 질문이라 생각합니다. 이 사건을 알려면 먼저 예루살렘에서 여리고로 내려가는 길에서 만난 강도와 강도에게 맞아 죽게 된 환자와 그리고 강도만난자의 이웃인 사마리아인과 환자를 보고 피해간 제사장과 레위인에 대하여 알아야 합니다. 그보다 더 중요한 것은 이러한 사건이 지금도 기독교회 주변에서 일어나고 있는 일들이라는 것입니다.

예루살렘은 유대교의 성전, 즉 오늘날 기독교회를 말하며 여리고는 율법이 있는 광야교회를 말하며 여리고를 향해가다 강도를 만난 자는 오늘날 기복신앙에서 벗어나 진리를 찾아가는 나그네, 고아, 과부와 같은 자들을 말하고 있습니다. 그리고 강도는 오늘날 진리를 찾아가는 자들을 이단으로 정죄하며 옷(말씀)을 빼앗고 말씀으로 공격하여 온갖 상처를 입히는 목회자들을 말하고 있습니다. 왜냐하면 영혼을 구원하고 살려야 할 제사장(목사)과 레위인(전도사)이 강도만나 죽어가는 환자를 바라만 보고 모른 채 피해 간 것은 그 환자가 자기교회를 떠나 광야교회를 찾아가는 이단자이기 때문입니다.

그리고 강도를 만나 죽어가는 영혼에게 기름과 포도주로 치료하며 자비를 베푼 사마리아인은 곧 예수님을 가리키고 있습니다. 왜냐하면 강도를 만나 죽어가는 영혼에게 기름과 포도주를 가지고 치료하여 살릴 수 있는 분은 오직 예수님뿐이기 때문입니다. 왜냐하면 기름과 포도주는 성령과 진리, 곧 생명의 말씀을 말하는데 생명의 말씀은 오직 예수님에게만 있기 때문입니다. 이렇게 예수님은 지금도 강도 만나 죽어가는 영혼들을 찾아 기름과 포도주, 즉 생명의 말씀으로 치료하여 살리고 있습니다. 이렇게 예수님께서 말씀하고 있는 강도는 세상의 일반적인 강도가 아니라 바로 예수님의 양들을 늑탈하고 있는 삯군목자와 거짓선지자들을 말하고 있는 것입니다. 그리고 여리고로 내려가다가 강도를 만나 매를 맞는 자는 곧 말씀이나 신앙이 좀 다르다는 이유로 목회자들에게 이단으로 정죄 받아 핍박받고 있는 나그네, 고아, 과부들을 말하고 있습니다. 예수님께서 이 땅에 구원자로 오신 것은 건강한 자(유대인들)를 구원하기 위하여 오신 것이 아니라 강도를 만나 상처 입고 죽어가는 환자들을 치료하고 돌보시기 위하여 오신 것입니다. 오늘날 우리의 현실 가운데에도 이러한 강도들은 여전히 존재하며 또한 강도 만나서 아픈 상처를 입고 외롭게 떠돌고 있는 나그네, 고아, 과부들도 항상 우리 곁에 있습니다. 그러므로 하나님께서는 강도를 만나 마음에 심한 상처받은 이웃들을 구원하고 돌보기 위해서 진리와 성령으로 거듭난 하나님의 아들들을 지금도 끊임없이 보내 주시는 것입니다.

이렇게 오늘날도 애굽교회를 벗어나 진리를 찾아가는 나그네, 고아, 과부들이 있고 이들에게 말씀의 공격으로 상처를 입히는 강도들이 존재하고 있는 것입니다. 예수님 당시에 강도에게 상처받은 자들은 열두 제자들이며 예수님이 돌보아야 할 이웃이 바로 열두 제자 이었던 것입니다. 예수님은 자기의 이웃인 열두 제자들을 예수님이 소유하고 있는 기름과 포도주(성령과 진리), 즉 생명의 말씀으로 치료하시면서 끝까지 사랑하여 결국 예수님의 몸과 같이 하나님의 아들들을 만드신 것입니다.

예수님으로부터 치료를 받고 하나님의 아들로 거듭난 열

두 제자들은 주님의 뒤를 이어 강도들에게 상처를 받아 죽어가는 영혼들을 찾아 구원하고 살려서 하나님의 아들을 만드는 사역을 하신 것입니다.

그러므로 하나님께서 말씀하고 계신 네 이웃은 바로 하나님께서 배필로 짝지어 주신 신랑, 곧 예수님을 말씀하고 있습니다. 때문에 네 이웃에 대하여 거짓 증거를 하지 말라는 말씀은 바로 예수님이나 예수님께서 주신 말씀을 가감하거나 왜곡하여 증거를 하지 말라는 뜻입니다. 또한 네 이웃에 대하여 거짓증거 하지 말라는 말씀의 또 다른 의미는 네 이웃이 아닌 다른 이웃, 즉 다른 예수나 변질된 다른 복음을 증거 하지 말라는 것입니다.

왜냐하면 오늘날 기독교인들이 이웃, 즉 예수님이나 예수님의 말씀에 대해서 거짓 증거를 하게 되면 살려야 할 영혼들이 오히려 죽게 되기 때문입니다. 그러므로 세상에서 하는 거짓말이나 거짓 증거는 하나님께 용서받을 수 있으나 네 이웃에 대한 거짓 증거는 절대로 용서받을 수 없는 것입니다. 이것은 곧 성령을 훼방하는 일이며, 따라서 하나님의 일을 방해하는 일이기 때문입니다.

[마태복음 12장 31절-32절] 그러므로 내가 너희에게 이르노

니 사람의 모든 죄와 훼방은 사하심을 얻되 성령을 훼방하는 것은 사하심을 얻지 못하겠고 또 누구든지 말로 인자를 거역하면 사하심을 얻되 누구든지 말로 성령을 거역하면 이 세상과 오는 세상에도 사하심을 얻지 못하리라.

    하나님의 백성들은 신앙생활을 하면서 알게 모르게 혹은 고의든 고의가 아니든 죄를 짓고 살아가고 있습니다. 그런데 이렇게 범하는 죄들은 하나님께 용서받을 수 있는 죄와 용서받을 수 없는 죄가 있다는 것입니다. 오늘날 기독교인들은 사람들이 어떠한 죄를 범한다 해도 회개하면 모두 용서받을 수 있다고 생각하고 있습니다. 이러한 오해로 기독교인들은 인간들의 죄나 성령을 훼방하는 죄도 쉽게 범하고 있으며 죄책감도 별로 느끼지 않고 있습니다. 그러나 위의 말씀을 보면 전혀 그렇지가 않다는 것을 알 수 있습니다. 왜냐하면 인간관계 속에서 일어나는 죄와 훼방은 용서받을 수 있지만 성령을 훼방하는 죄는 절대로 용서받을 수 없기 때문입니다. 그보다 더 중요한 사실은 성령을 거역하거나 훼방하는 자들은 이 세상뿐만 아니라 오는 세상, 즉 내생에서도 죄 사함을 받지 못한다는 것입니다.

    그러면 먼저 성령을 훼방하는 것은 무엇이며 어떻게 하

는 것이 성령을 대적하는지를 알아야 합니다. 그것은 곧 정확무오한 하나님의 말씀을 사람들이 자기 마음대로 가감하는 것과 또 가감하여 변질된 말씀을 가지고 진리인 것처럼 거짓증거 하는 것을 말합니다. 또한 하나님께서 우리에게 보내주신 하나님 아들들을 믿지 않으며, 오히려 그 말씀을 대적하거나 배척하는 것을 말합니다. 그런데 성령을 훼방하고 대적하는 자들은 대부분이 거짓을 예언하는 거짓선지자들이나 제사장들이라는 것입니다.

[예레미야 5장 30절-31절] 이 땅에 기괴하고 놀라운 일이 있도다. 선지자들은 거짓을 예언하며 제사장들은 자기 권력으로 다스리며 내 백성은 그것을 좋게 여기니 그 결국에는 너희가 어찌 하려느냐.

하나님은 이 땅, 즉 이 세상에 괴이하고 놀라운 일이 있는데 그 것은 선지자들이 거짓예언을 하며 제사장들은 자기 권력으로 하나님의 백성들을 다스리는데 하나님의 백성들은 그것을 좋게 여기고 있다는 것입니다. 그런데 이런 일들이 예전에 유대인들에게만 있었던 일이 아니라 오늘날 기독교 안에서도 동일하게 일어나고 있는 일들이라는 것입니다. 왜냐하면 오늘날 삯군목자들도 하나님의 말씀을 가 감하여 거짓으로 설교를 하고 있으며 교인들은 삯군목자가 가감하여 전하는 말씀을 기쁘게 듣고 즐거워하고 있기 때 문입니다.

이렇게 오늘날 삯군목자들은 영적인 하나님의 말씀을 육 적으로 전하며 하늘의 신령한 복을 땅에 썩어 없어질 육신 의 복으로 둔갑시켜 전하고 있는데 교인들은 이렇게 가감 한 누룩석인 말씀을 좋아하며 기뻐하고 있는 것입니다. 오 늘날 기독교인들은 목사님들에게 하나님의 말씀을 듣는 것 보다 축복받은 간증이나 정치와 경제에 유머를 섞어서 전 하는 설교를 즐겨하고 있습니다. 때문에 오늘날 교인들에 게는 만담가처럼 교인들을 웃기기도 하고 울리기도 하며 재미있게 설교하는 목사님들이 인기가 있고 오직 말씀만을 가감 없이 전하는 목사님들은 외면당하고 있는 것입니다. 그러므로 하나님은 너희가 마지막 심판 날에 어찌하려고 그러느냐고 한탄하시는 것입니다. 이 모두가 하나님의 말 씀을 떠난 거짓선지자와 삯군목자 그리고 서기관들의 거짓 붓 때문이라 말씀하고 있습니다.

[예레미야 8장 8절-12절] 너희가 어찌 우리는 지혜가 있고

우리에게는 여호와의 율법이 있다 말하겠느뇨 참으로 서기관의 거짓 붓이 거짓되게 하였나니 지혜롭다 하는 자들은 수욕을 받으며 경황 중에 잡히리라 보라 그들이 나 여호와의 말을 버렸으니 그들에게 무슨 지혜가 있으랴 그러므로 내가 그들의 아내를 타인에게 주겠고 그들의 전지를 그 차지할 자들에게 주리니 그들은 가장 작은 자로부터 큰 자까지 다 탐남하며 선지자로부터 제사장까지 다 거짓을 행함이라 그들이 딸 내 백성의 상처를 심상히 고쳐주며 말하기를 평강하다 평강하다 하나 평강이 없도다 그들이 가증한 일을 행할 때에 부끄러워하였느냐 아니라 조금도 부끄러워 아니할 뿐 아니라 얼굴도 붉어지지 아니하였느니라. 그러므로 그들이 엎드러질 자와 함께 엎드러질 것이라. 내가 그들을 벌할 때에 그들이 거꾸러지리라. 여호와의 말이니라.

상기의 말씀은 서기관의 거짓 붓이 하나님의 말씀을 거짓되게 하였다는 것입니다. 서기관은 오늘날 성경신학자들, 즉 성경을 주석하고 성경을 풀어서 해설서를 펴내는 신학박사님들을 말합니다.

기독교서점에 가보면 각종 성경 주석서와 해설서등 수많은 도서들이 진열되어 있습니다. 그러므로 오늘날 기독교인들은 물론 목사님들도 책을 구입하여 열심히 읽고 그 말씀들을 참고하여 설교도 하고 있습니다. 그런데 하나님께서는 신학공부를 많이 하고 성경을 연구하여 신학박사가 되었다 해도 하나님의 생명으로 거듭나 영안이 열리지 않았다면 소경이라 말씀하고 있습니다. 왜냐하면 하나님께서 성경 속에 감추어놓은 비밀은 하나님의 생명으로 거듭난 자가 아니면 볼 수도 없고 알 수도 없기 때문입니다.

그러므로 아직 하나님의 아들로 거듭나지 못한 자들이 성경을 주석하거나 해석을 하면 절대로 안 되는 것입니다. 그런데 아직 영안이 열리지 않은 자들이 성경을 가감하여 주석하고 해설하여 책을 출판하고 있는 것입니다. 이렇게 잘못 해석된 책을 교인들이 보면 진리의 길에서 더 멀어지게 되는 것입니다. 그러므로 하나님은 이런 자들에게 하나님의 말씀을 버렸다고 말씀하고 있는 것입니다.

왜냐하면 아무것도 모르는 교인들이 이렇게 잘못 된 성경주석서나 해설서를 보고 옳다고 인정을 하면서 하나님의 말씀은 등한이 하거나 도외시하기 때문입니다. 그런데 정확무오한 하나님의 말씀을 마음대로 가감하여 주석서를 내고 설교를 하는 것은 목회자들의 탐람한 욕심 때문이라 말씀하고 있습니다.

결국 자기욕심을 채우기 위하여 선지자로부터 제사장까지 하나님의 말씀을 가감하여 변질된 말씀으로 모두 거짓 증거를 하고 있다는 것입니다. 또한 이들은 변질된 하나님의 말씀으로 가증한 일을 행하면서도 조금도 부끄러워하지 않으며 얼굴색 하나 변치 않는다고 말씀하고 있습니다. 그런데 더욱 불행한 일은 거짓을 예언하는 선지자나 자기 욕심을 채우기 위하여 목회하는 목자들을 하나님의 백성들이 모두 믿고 따르며 그들이 전하는 말씀을 조금도 의심 없이 기쁘게 받아들이고 있다는 것입니다. 그러므로 하나님께서 이런 자들을 거짓선지자와 제사장들과 함께 모두 멸망시킨다고 말씀하시는 것입니다.

왜냐하면 이들은 악을 선하다 하며 선을 악하다 하며 흑암을 광명으로 삼고 광명을 흑암으로 삼는 자들이기 때문입니다.

[이사야 5장 18절-24절] 거짓으로 끈을 삼아 죄악을 끌며 수레 줄로 함 같이 죄악을 끄는 자는 화 있을찐저 그들이 이르기를 그는 그 일을 속속히 이루어 우리로 보게 할 것이며 이스라엘의 거룩한 자는 그 도모를 속히 임하게 하여 우리로 알게 할 것이라 하는도다 악을 선하다 하며 선을 악하다 하며 흑암

293

으로 광명을 삼으며 광명으로 흑암을 삼으며 쓴 것으로 단 것을 삼으며 단 것으로 쓴 것을 삼는 그들은 화 있을찐저 스스로 지혜롭다 하며 스스로 명철하다 하는 그들은 화 있을찐저 포도주를 마시기에 용감하며 독주를 빚기에 유력한 그들은 화 있을찐저 그들은 뇌물로 인하여 악인을 의롭다 하고 의인에게서 그 의를 빼앗는도다 이로 인하여 불꽃이 그루터기를 삼킴 같이, 마른풀이 불 속에 떨어짐 같이 그들의 뿌리가 썩겠고 꽃이 티끌처럼 날리리니 그들이 만군의 여호와의 율법을 버리며 이스라엘의 거룩하신 자의 말씀을 멸시하였음이라.

하나님께서 거짓으로 끈을 삼아 죄악을 끌며 수레의 줄과 같이 죄악을 끄는 자는 화가 있다고 말씀하시는 것은 지금 이런 존재들이 있기 때문에 하시는 말씀입니다. 오늘날 가장 불행한 것은 비진리가 진리화 되었다는 것입니다. 그런데 그보다 더 안타까운 일은 잘못된 비진리를 바라보면서 어느 누구도 잘못을 지적하거나 책망을 하는 사람이 없다는 것입니다. 그 이유는 비진리를 드러내거나 지적을 한다면 그 사람은 즉시 이단으로 몰려 출교를 당하거나 온갖 핍박과 함께 교단에서 매장을 당하기 때문입니다.

그러므로 목회자들이 그 교단에서 살아남으려면 위의 말

씀과 같이 악을 선하다 하며 선을 악하다 해야 하는 것입니다. 또한 흑암(비진리)으로 광명을 삼으며 광명(진리)을 흑암으로 인정하지 않으면 안 되는 것입니다.

이들이 이러한 사실을 알면서도 악인을 의롭다하고 의인을 악하다고 거짓 증거를 하는 것은 뇌물 때문이라는 것인데, 뇌물은 곧 교인들에게서 받아들이는 헌금을 말하고 있습니다. 이런 자들은 신앙생활을 하나님의 뜻에 따라 진실하고 진실하게 한다고 말은 하면서도 이권이 있을 때나 신변에 위험이 닥칠 때는 언제나 하나님의 뜻보다 자기에게 유리한대로 말을 하고 행동을 하는 것입니다. 그러므로 하나님께서 이런 자들을 향하여 여호와 하나님의 법과 말씀을 멸시하는 자들이라고 하시면서 모두 티끌처럼 멸하시겠다고 경고 하시는 것입니다.

왜냐하면 이들은 만군의 여호와의 율법을 버리며 이스라엘의 거룩하신 자의 말씀을 멸시하였기 때문이라 말씀하고 있습니다.


[시편 12편 1절-2절] 여호와여 도우소서 경건한 자가 끊어지며 충실한 자가 인생 중에 없어지도소이다 저희가 이웃에게 각기 거짓을 말함이여 아첨하는 입술과 두 마음으로 말하는 도다.

위의 말씀은 다윗이 여호와 하나님을 향하여 부르짖는 기도입니다. 다윗은 이 땅에 경건한 자가 끊어지며 충실한 자가 인생 중에 모두 없어지고 있다고 하나님께 호소하고 있습니다. 또한 저희들은 이웃에게 각기 거짓말을 하며 아첨하는 입술로 두 마음을 가지고 말을 하고 있다는 것을 하나님께 고하는 것입니다. 이렇게 아첨하는 입술과 두 마음을 가지고 말씀을 전하는 자들은 오늘날 거짓목자와 삯군목자들을 말하고 있습니다. 이들은 이웃, 즉 주님에 대해서 각기 거짓을 말하며 아첨하는 입술과 두 마음을 가지고 교인들에게 거짓을 말하고 있다는 것입니다.

　이렇게 옛적이나 오늘날이나 삯군목자들이 자기 욕심을 채우기 위하여 아첨하는 입술로 거짓을 말하며 하나님의 백성들을 미혹하고 있는 것입니다. 그러므로 하나님은 이러한 거짓목자와 삯군목자들을 서판이나 책에 기록하여 후세들이 영원토록 알게 하라고 말씀하시는 것입니다.


　[이사야 30장 8절-14절] 이제 가서 백성 앞에서 서판에 기록하며 책에 써서 후세에 영영히 있게 하라. 대저 이는 패역한 백성이요 거짓말하는 자식이요 여호와의 법을 듣기 싫어하는 자식이라. 그들이 선견자에게 이르기를 선견하지 말라 선지자

에게 이르기를 우리에게 정직한 것을 보이지 말라 부드러운 말을 하라. 거짓된 것을 보이라. 너희는 정로를 버리며 첩경에서 돌이키라 이스라엘의 거룩하신 자로 우리 앞에서 떠나시게 하라 하는도다. 이러므로 이스라엘의 거룩하신 자가 말씀하시되 너희가 이 말을 업신여기고 압박과 허망을 믿어 그것에 의뢰하니 이 죄악이 너희로 마치 무너지게 된 높은 담이 불쑥 나와 경각간에 홀연히 무너짐 같게 하리라 하셨은즉 그가 이 나라를 훼파하시되 토기장이가 그릇을 훼파함 같이 아낌이 없이 파쇄하시리니 그 조각 중에서 아궁이에서 불을 취하거나 물웅덩이에서 물을 뜰 것도 얻지 못하리라.

성경에 기록된 이스라엘과 유대교의 역사를 살펴보면 이들은 패역하고 거짓된 민족으로서 그들의 모든 신앙생활은 다른 신을 우상으로 섬기면서 도적질과 간음과 살인을 계속 해온 것을 볼 수 있습니다.

하나님께서 이스라엘 백성들을 향해 이는 패역한 백성이요 거짓말하는 자식이요 여호와의 법을 듣기 싫어하는 자식이라 말씀하고 있습니다. 왜냐하면 이들은 선견자에게 이르기를 선견하지 말라, 선지자에게 이르기를 우리에게 정직한 것을 보이지 말고 부드러운 말을 하라, 거짓된 것을 보이라, 너희는 정도를 버리고 첩경에서 돌이키라고 하면서 이스라엘의 거룩하신 하나님을 우리 앞에서 떠나게 하라고 말하고 있기 때문이라는 것입니다.

그러므로 하나님께서 이러한 모든 사실들을 서판과 책에 기록하여 후세들에게 영원토록 전하라고 말씀하시는 것입니다. 그러므로 많은 선지자들과 하나님의 아들들에 의해서 기록된 신구약 성경이 지금까지 전해 내려오고 있는 것입니다. 그런데 그들의 후손들이 성경을 통하여 이러한 사실들을 바라보면서도 목회자들에게 진실보다 거짓을 요구하며, 오류없는 하나님의 말씀보다 세상의 철학과 헛된 속임수로 요리해놓은 비진리를 더 원하고 있는 것입니다. 왜냐하면 비진리는 먹기에 부드럽고 탐스러운 말로서 육신에 속한 자들의 입맛에 맞고 욕심을 채워 주는 말씀이기 때문입니다.

그러므로 하나님께서는 지금도 패역한 하나님의 백성들에게 하루속히 회개하고 하나님께로 돌아오라고 말씀하시는 것입니다. 만일에 회개하지 않고 돌이키지 않는다면 토기장이가 질그릇을 파괴하듯이 모두 깨뜨려 부수시겠다고 말씀하시는 것입니다.

하나님은 예레미야서를 통해서 이들이 섬기고 있는 다른

하나님의 실체를 밝히 드러내고 있습니다.

[예레미야 2장 26절-28절] 도적이 붙들리면 수치를 당함 같이 이스라엘 집 곧 그 왕들과 족장들과 제사장들과 선지자들이 수치를 당하였느니라 그들이 나무를 향하여 너는 나의 아비라 하며 돌을 향하여 너는 나를 낳았다 하고 그 등을 내게로 향하고 그 얼굴은 내게로 향치 아니하다가 환난을 당할 때에는 이르기를 일어나 우리를 구원하소서 하리라. 네가 만든 네 신들이 어디 있느뇨 그들이 너의 환난을 당할 때에 구원할 수 있으면 일어날 것이니라 유다여 너의 신들이 너의 성읍 수와 같도다.

하나님께서 말씀하시기를 도적이 붙들리면 수치를 당함 같이 이스라엘 집, 곧 그 왕들과 족장들과 제사장들과 선지자들이 수치를 당했다고 말씀하고 있습니다. 그들이 나무를 향하여 너는 나의 아비라 하며 돌을 향하여 너는 나를 낳았다 하고 그 등을 내게로 향하고 그 얼굴은 내(하나님)게로 향하지 않고 있다가 환난을 당할 때에는 하나님에게서 일어나 우리를 구원해달라고 기도한다는 것입니다. 그러므로 하나님께서 말씀하시기를 네가 만든 신(하나님)들이 어디 있느냐 너희가 환난을 당할 때에 너희가 만든 신

(하나님)에게 구원해달라고 기도하라는 것입니다.

하나님은 유다(하나님의 백성들)에게 너의 신(하나님)들이 너의 성읍 수와 같다고 말씀하고 있습니다. 본문에 네가 만든 신들이나 너의 신들은 원문에 모두 엘로힘, 즉 하나님들이라 기록되어 있기 때문에 신이 아니라 하나님을 말하고 있습니다.

그러므로 이스라엘 백성이나 유다백성들이 섬기는 신은 이방신이 아니라 하나님, 곧 그들이 만든 다른 하나님들을 말하고 있는 것입니다. 이렇게 이스라엘 민족들은 하나님의 성전에 제사장들과 선지자들이 만들어 놓은 하나님의 형상, 즉 나무와 돌과 같이 생명이 없는 각종 신상들을 향하여 우리의 아버지라 말하면서 섬기다가 환난을 당하여 급하게 되면 하나님을 향하여 우리를 구원하여 달라고 부르짖고 있다는 것입니다. 그런데 제사장과 선지자들이 나무와 돌로 만든 하나님의 형상은 목상이나 석상을 말하는 것이 아니라 하나님의 생명이 없는 거짓 선지자와 제사장, 즉 오늘날 거짓선지자와 삯군목자들을 비유하여 말씀하신 것입니다.

그러므로 하나님께서 사람들이 만들어 섬기고 있는 다른 하나님, 즉 다른 복음을 믿고 섬기고 있는 제사장들과 선지자들에게 하나님께서 9계명을 통해서 네 이웃에 대하여 거짓증거를 하지 말라고 말씀하고 있는 것입니다. 이것은 하나님의 말씀과 예수님의 말씀을 가감하거나 왜곡하여 거짓증거하지 말라는 뜻입니다. 거짓증거를 하는 자들은 결국 도적질을 하다가 붙들린 도적과 같이 하나님 앞에서 수치를 당하게 되는 것입니다. 그러므로 하나님께서 하나님 백성들의 이웃인 예수님과 하나님의 말씀에 대하여 절대로 거짓 증거를 하지 말라고 경고하시는 것입니다. 그런데 오늘날 기독교인들이 하나님과 예수님의 말씀을 집단적으로 위증하고 있는 일이 있는데, 그것은 예배 때마다 신앙을 고백하고 있는 사도신경입니다.

사도신경은 기독교의 신앙의 근본이며 주축이 되는 핵심으로 교인들의 신앙생활에 중요한 위치를 차지하고 있습니다. 때문에 오늘날 기독교인들은 예배드릴 때 마다 자신의 신앙을 사도신경으로 고백을 하는 것입니다. 기독교인들은 지금까지 사도신경이 사도들의 신앙고백이라 믿어오고 있습니다. 그런데 사도들의 신앙고백이 성경에 나타난 예수님의 말씀이나 사도들의 말씀과는 너무나 거리가 멀다는 것입니다. 때문에 오늘날 목회자들 중에도 사도신경이 사도들의 신앙고백이 아니라는 것을 아는 교회에서 사도신경을 하지 않는 교회들이 늘어나고 있습니다. 그러므로 오늘날 기독교인들은 사도신경의 역사적 배경과 그 유래를 알아야 합니다.

사도신경은 초대교회 때 서방교회에서 처음 시작되었는데 사도신경은 주로 세례문답을 할 때 사용을 하였습니다. 사도신경의 유래는 4세기 말경에 존재하던 루피누스와 암브로시우스가 기록한 문서의 내용을 발췌하여 사용한 것이라 전해오고 있습니다. 이들이 기록해놓은 사도신경은 12항목으로 되어있으며 사도신경은 사도들에 의해서 만들어진 것이라 소개하고 있습니다. 그런데 사도신경의 내용이 예수님이나 사도들의 말씀과 너무나 다르다는 것입니다.

왜냐하면 예수님과 사도들은 천지창조와 동정녀마리아의 성령의 잉태 그리고 죽은 몸이 다시 사는 부활을 모두 영적으로 말씀하셨는데 오늘날 목회자들이나 기독교인들은 모두 육적으로 바꾸어 믿고 있다는 것입니다.

더욱 중요한 것은 예수님을 죽인 장본인은 유대교의 대제사장들과 장로들인데 본디오 빌라도가 죽였다고 모두 위증을 하고 있다는 것입니다. 그런데 성경을 보면 본디오 빌라도는 오히려 예수님을 살리기 위해 노력하는 모습을 볼 수 있습니다.

[요한복음 19장 4절-16절] 빌라도가 다시 밖에 나가 말하되 보라 이 사람을 데리고 너희에게 나오나니 이는 내가 그에게서 아무 죄도 찾지 못한 것을 너희로 알게 하려 함이로라 하더라. 이에 예수께서 가시 면류관을 쓰고 자색 옷을 입고 나오시니 빌라도가 저희에게 말하되 보라 이 사람이로다 하매 대제사장들과 하속들이 예수를 보고 소리질러 가로되 십자가에 못 박게 하소서 십자가에 못 박게 하소서 하는지라. 빌라도가 가로되 너희가 친히 데려다가 십자가에 못박으라. 나는 그에게서 죄를 찾지 못하노라. 유대인들이 대답하되 우리에게 법이 있으니 그 법대로 하면 저가 당연히 죽을 것은 저가 자기를 하나님 아들이라 함이니이다. 빌라도가 이 말을 듣고 더욱 두려워하여 다시 관정에 들어가서 예수께 말하되 너는 어디로 서냐 하되 예수께서 대답하여 주지 아니하시는지라. 빌라도가 가로되 내게 말하지 아니하느냐 내가 너를 놓을 권세도 있고 십자가에 못박을 권세도 있는 줄 알지 못하느냐 예수께서 대답하시되 위에서 주지 아니하셨더면 나를 해할 권세가 없었으리니 그러므로 나를 네게 넘겨 준 자의 죄는 더 크니라 하시니 이러하므로 빌라도가 예수를 놓으려고 힘썼으나 유대인들이 소리질러 가로되 이 사람을 놓으면 가이사의 충신이 아니니이다. 무릇 자기를 왕이라 하는 자는 가이사를 반역하는 것이니이다. 빌라도가 이 말을

듣고 예수를 끌고 나와서 박석(히브리 말로 가바다)이란 곳에서 재판석에 앉았더라 이 날은 유월절의 예비일이요 때는 제 육시라 빌라도가 유대인들에게 이르되 보라 너희 왕이로다 저희가 소리지르되 없이 하소서 없이 하소서 저를 십자가에 못박게 하소서 빌라도가 가로되 내가 너희 왕을 십자가에 못 박으랴 대제사장들이 대답하되 가이사 외에는 우리에게 왕이 없나이다 하니 이에 예수를 십자가에 못 박히게 저희에게 넘겨 주니라.

[마태복음 27장 17절-26절] 저희가 모였을 때에 빌라도가 물어 가로되 너희는 내가 누구를 너희에게 놓아주기를 원하느냐 바라바냐 그리스도라 하는 예수냐 하니 이는 저가 그들의 시기로 예수를 넘겨준 줄 앎이러라. 총독이 재판 자리에 앉았을 때에 그 아내가 사람을 보내어 가로되 저 옳은 사람에게 아무 상관도 하지 마옵소서 오늘 꿈에 내가 그 사람을 인하여 애를 많이 썼나이다 하더라. 대제사장들과 장로들이 무리를 권하여 바라바를 달라 하게 하고 예수를 멸하자 하게 하였더니 총독이 대답하여 가로되 둘 중에 누구를 너희에게 놓아주기를 원하느냐 가로되 바라바로소이다. 빌라도가 가로되 그러면 그리스도라 하는 예수를 내가 어떻게 하랴 저희가 다 가로되 십자가에 못 박혀야 하겠나이다 빌라도가 가로되 어찜이뇨 무슨 악한 일

을 하였느냐. 저희가 더욱 소리 질러 가로되 십자가에 못 박혀야 하겠나이다 하는지라. 빌라도가 아무 효험도 없이 도리어 민란이 나려는 것을 보고 물을 가져다가 무리 앞에서 손을 씻으며 가로되 이 사람의 피에 대하여 나는 무죄하니 너희가 당하라. 백성이 다 대답하여 가로되 그 피를 우리와 우리 자손에게 돌릴찌어다 하거늘 이에 바라바는 저희에게 놓아주고 예수는 채찍질하고 십자가에 못 박히게 넘겨 주니라.


상기의 요한복음과 마태복음에 기록된 말씀을 보면 예수를 죽인 것은 분명히 본디오 빌라도가 아니라 유대교의 대제사장과 장로들이라는 것을 알 수 있습니다. 그런데 본디오 빌라도가 사도신경으로 말미암아 기독교에서 이천년 동안 억울한 누명을 쓰고 지금까지 대역죄인이 되어 지금도 무거운 죄의 짐을 지고 있는 것입니다.

오늘날 기독교인들에게 기독교의 역사상 최고의 원수 마귀를 하나 선정하라면 당연히 본디오 빌라도라 말할 것입니다. 왜냐하면 기독교인들의 가장 큰 소망이며 구원자이시며 하나님의 아들이신 예수님을 죽인 자가 바로 본디오 빌라도이기 때문입니다. 그러나 성경에서 분명하게 밝혀

주듯이 예수를 죽인 장본인은 본디오 빌라도가 아니라 유대교의 대제사장과 장로들과 그들을 믿고 따르는 유대인들이었다는 사실입니다. 그런데도 불구하고 오늘날 기독교인들은 사도신경을 통해서 본디오 빌라도가 예수를 죽였다고 날마다 거짓증거, 즉 위증을 하고 있는 것입니다.

하나님께서 9계명을 통해서 네 이웃에 대하여 거짓증거를 하지 말라고 엄히 명하고 있는데도 말입니다. 이 이외에도 사도신경이 사도들의 신앙고백이 아니라는 것은 여러 곳에서 발견되고 있습니다. 사도신경의 잘못된 부분 몇 소절만 살펴보겠습니다.

첫째 : 전능하사 천지를 만드시고.

하나님께서 창세기에 말씀으로 만드신 천지창조는 자연만물을 만드신 것이 아니라 땅에 속한 죄인들을 하나님의 말씀으로 육일동안 하늘에 속한 하나님의 아들로 창조하신 것입니다. 그런데 오늘날 기독교인들은 하나님께서 전지전능하시기 때문에 태초에 말씀으로 하늘과 땅을 만들었다고 고백을 하고 있는 것입니다.

둘째 : 성령으로 잉태하사 동정녀 마리아에게 나시고.

　　하나님은 로마서 1장을 통해서 예수님의 육신은 다윗의 혈통, 즉 다윗의 씨에 의해서 태어 나셨고 성령은 하나님의 능력으로 죽은 자 가운데서 부활하여 하나님의 아들이 되셨다고 분명히 말씀하고 있습니다. 그런데 오늘날 기독교인들은 예수님은 사람의 씨를 받지 않고 성령으로 육신이 잉태되어 태어나셨다고 고백을 하는 것입니다.

　　셋　째 : 본디오 빌라도에게 십자가에 못 박혀 죽으시고.

　　본문을 보면 빌라도는 예수님에게서 아무런 죄를 찾지 못했기 때문에 바라바를 십자가에 못 박고 예수는 놓아주려고 무척 애를 쓰고 있습니다. 그런데 유대교의 대제사장들과 장로들은 예수를 죽이고 바라바를 놓아주라고 빌라도에게 외치고 있습니다. 그러면 죄 없는 예수를 죽이면 그 죄 값을 누가 받겠느냐고 빌라도가 물으니 대제사장이 우리와 우리의 후손들이 받겠다고 말하고 있는 것입니다. 그러므로 빌라도는 할 수 없이 죄가 없는 예수를 죽이려면 너희가 직접 데려가 십자가에 못 박으라고 분명하게 말하고 있습니다. 그러므로 예수님은 유대교의 대제사장들에 의해서 십자가에 못 박혀 돌아가신 것입니다.

그런데 예수를 본디오 빌라도가 죽였다고 거짓 위증을 하고 있는 것입니다.

넷째 : 장사한지 사흘 만에 죽은 자 가운데서 다시 살아나시며.

예수님께서 장사한지 사흘 만에 죽은 자 가운데서 다시 살아나셨다는 것은 예수님의 죽은 몸이 다시 살아나셨다는 것입니다. 그런데 기독교인들의 주장대로 라면 예수님은 본래 성령으로 육신이 잉태된 성령, 즉 하나님이시기 때문에 예수님은 죽을 수도 없고 죽어서도 안 되는 몸입니다. 인간들은 육신으로 태어났기 때문에 죽을 수밖에 없고 죽은 몸이 다시 부활할 수도 있습니다. 그러나 예수님의 몸은 성령이기 때문에 죽을 수도 없지만 다시 부활해서도 안 되는 몸입니다.

그러므로 예수님이 죽은 자들 가운데서 부활하셨다는 것은 예수님의 몸이 다시 부활하였다는 뜻이 아니라 예수님의 생명(영)이 죽은 제자들안에서 부활하셨다는 뜻입니다.

즉 예수님이 다시 부활하신 몸은 예수님의 육신이 아니라 죽어있던 제자들의 몸 안에서 영으로 부활하신 것입니다. 때문에 예수님의 제자들은 예수님의 생명이 자신들 안에서 부활하심으로 말미암아 열두 사도, 즉 열두 아들로 나타나게 된 것입니다. 만일 예수님이 제자들 안에서 부활하지 않았거나 다시 살지 못하셨다면 예수님의 제자들은 절대로 하나님의 아들이나 사도들이 되지 못하고 영원히 제자로 남았을 것입니다.

그러나 예수님이 제자들 안에서 부활하심으로 말미암아 예수님의 제자들이 열두 사도, 즉 열두 예수로 나타나게 된 것이며 사도들은 예수님의 뒤를 이어 예수님이 생전에 하셨던 사역을 하게 된 것입니다. 그런데 사도신경을 통해서 예수님이 장사한지 사흘 만에 죽은 몸이 다시 사셨다고 거짓증거를 하기 때문에 기독교인들도 몸이 다시 사는 것을 믿으며 죽어도 시신을 화장하지 않고 매장을 하는 것입니다. 이와 같이 예수님의 성령의 잉태나 죽은 자 가운데서 다시 사는 부활은 모두 영적인 사건임에도 불구하고 기독교인들이 영안이 없어 모두 육신적 눈으로 보고 육신적인 사건으로 주장을 하며 사도신경을 하고 있는 것입니다.

이상의 말씀과 같이 성경을 보면 예수를 죽인 자는 본디오 빌라도가 아니라 대제사장과 장로들과 유대인들이라는 것을 분명히 알 수 있습니다. 그런데 기독교인들이 이러한 사실도 모르고 무고한 빌라도가 예수를 죽였다고 위증을 하며 날마다 신앙을 고백하고 있는 것입니다. 이것은 분명히 무고한 빌라도에게 예수를 죽인 살인자라고 누명을 씌워 거짓 증거를 하고 있는 것입니다. 때문에 하나님께서 9계명을 통하여 네 이웃에 대하여 거짓 증거를 하지 말라고 명하시는데 오늘날 기독교인들은 지금도 사도신경을 통해서 빌라도가 바로 예수를 죽인 살인자라고 거짓증거(위증)를 하고 있는 것입니다.

사도행전 3장 12절 이하의 말씀을 보면 사도신경이 사도들의 고백이 아니라는 것을 더욱 분명하게 알 수가 있습니다.

[사도행전 3장 12절-15절] 베드로가 이것을 보고 백성에게 말하되 이스라엘 사람들아 이 일을 왜 기이히 여기느냐. 우리 개인의 권능과 경건으로 이 사람을 걷게 한 것처럼 왜 우리를 주목하느냐. 아브라함과 이삭과 야곱의 하나님 곧 우리 조상의 하나님이 그 종 예수를 영화롭게 하셨느니라 너희가 저를 넘겨주고 빌라도가 놓아주기로 결안한 것을 너희가 그 앞에서 부인

하였으니 너희가 거룩하고 의로운 자를 부인하고 도리어 살인한 사람을 놓아주기를 구하여 생명의 주를 죽였도다 그러나 하나님이 죽은자 가운데서 살리셨으니 우리가 이 일에 증인이로라.

위에서 베드로 사도는 유대인을 향하여 말씀하기를 빌라도가 예수를 놓아주기로 결정한 것을 너희가 그 앞에서 반대하고 도리어 살인한 자를 놓아주고 생명의 주를 죽였다고 분명히 말씀하고 있습니다. 그러므로 사도들이 빌라도가 죽였다고 신앙을 고백했다는 것은 어불성설입니다. 따라서 오늘날 기독교인들은 성경에 기록된 사실들을 모두 받아들이고 하루속히 본디오 빌라도의 억울한 누명을 벗게 해야 합니다.

그리고 기독교인들은 지금까지 예수를 본디오 빌라도가 죽였다고 고백한 잘못된 위증을 철저히 회개하고 사도신경을 즉시 시정해야 합니다. 이렇게 회개할 때에 본디오 빌라도의 영혼은 물론 예수님께서도 매우 기뻐하실 것입니다. 이와 같이 오늘날 기독교인들은 교리와 관습에 따라 무심코 하고 있는 사도신경이 얼마나 큰 죄라는 것을 알아야 합니다.

그러므로 신앙생활을 전통적인 유전이나 기독교 교리에 의해서 습관적으로 할 것이 아니라 성경을 확실하게 보고 분명하게 알아서 성경말씀에 근거한 신앙생활을 해야만 하는 것입니다. 지금까지 말씀드린 바와 같이 하나님께서 네 이웃에 대하여 거짓 증거를 하지 말라는 말씀의 영적인 뜻을 모르면 신앙생활 가운데서 어느 누구나 쉽게 거짓 증거를 할 수 있고 범죄 할 수 있습니다.

그러나 하나님께서는 이웃에 대하여 거짓 증거한 죄를 반드시 물으시며 그 죄 값을 모두 받게 하실 것입니다. 그러므로 하나님의 백성들은 이 세상에서 잘못 의식화된 신앙생활을 하루속히 청산하고 오류없는 하나님의 말씀으로 돌아가야 합니다. 왜냐하면 정확무오한 하나님의 말씀만이 참된 길이요 진리요 생명이기 때문입니다.

## 인생무상

욕망에 사로잡혔던
허수아비 인생
시절을 좇아 끌려다니며
만족하지 못한 생의 바퀴속에서
늘어진 불평과 불만의 불꽃을 튕기며
불꽃놀이 하던 때가 엊그제
타다만 잿더미속에
이리저리 뒹굴며 발끝에 채이다가
작은 불씨하나 만나서
모두 태워버리고
이제야 잿가루되어
불어오는 바람에 흩날리고
욕정의 자취도 그림자도 사라져버리고
텅빈자리에 다가온
소리없는 그대 고요하여라

# 십계명의 제10계명

네 이웃의 집을 탐내지 말지니라.
네 이웃의 아내나 그의 남종이나 그의 여종이나
그의 소나 그의 나귀나
무릇 네 이웃의 소유를
탐내지 말지니라.

제 10계명: 네 이웃의 집을 탐내지 말지니라. 네 이웃의 아내나 그의 남종이나 그의 여종이나 그의 소나 그의 나귀나 무릇 네 이웃의 소유를 탐내지 말지니라.

하나님은 제 10계명을 통해서 네 이웃의 집을 탐내지 말라고 하시면서 네 이웃의 아내나 그의 남종이나 그의 여종이나 그의 소나 그의 나귀나 무릇 네 이웃의 소유를 탐내지 말라고 명하고 있습니다. 그런데 이 계명을 지키려면 먼저 네 이웃의 집과 네 이웃의 아내 그리고 남종과 여종, 소와 나귀, 그리고 네 이웃의 소유가 영적으로 어떤 존재를 말씀하고 있는지를 알아야 합니다.

네 이웃의 집은 곧 주님의 집으로 하나님의 성전인 하나님의 교회를 말하고 있습니다. 그러므로 네 이웃의 집을 탐내지 말라는 것은 곧 하나님의 교회를 탐내거나 욕심을 내지 말라는 말씀입니다. 왜냐하면 예나 지금이나 목회자들이 하나님의 교회를 이용하여 사리사욕을 채우고 있기 때문입니다.

오늘날 목회자들 중에는 교회를 이용하여 사업을 하고 하나님의 말씀과 예수님의 말씀을 팔아서 헌금을 치부하는 삯군목자들이 있습니다. 때문에 예수님께서도 내 아버지의 집으로 장사하는 집을 만들지 말라고 진노하신 것입니다.

이어지는 말씀에 네 이웃의 아내나 남종이나 여종이나 그리고 소나 나귀를 포함한 네 이웃의 소유물들은 모두 영적인 존재들을 비유하여 말씀하신 것입니다. 네 이웃의 아내는 가나안땅의 존재로 남편으로부터 씨를 받아야 할 정결한 처녀를 말하며 남종과 여종은 광야에서 훈련 받고 있는 존재들을 말하며 소와 나귀와 이웃의 소유물들도 구원 받을 하나님의 백성들을 비유하여 말씀하고 있는 것입니다. 이와 같이 예수님으로부터 구원받아 하나님의 생명으로 거듭날 존재들은 모두 이웃의 소유물, 곧 하나님의 것이며 예수님의 것인데 이러한 존재들을 탐내지 말라는 것입니다. 왜냐하면 오늘날 목회자들이 이웃의 소유물, 즉 하나님의 백성들을 탐내어 탈취하는 것은 교인들을 구원시켜 하나님께 열매로 드리려는 것이 아니라 자기교회를 부흥시켜 교인들이 하나님께 드리는 헌금을 착취하려는 것이기 때문입니다.

이와 같이 이웃의 집은 하나님의 교회를 말하며 이웃의 각종 소유물들은 교회 안에 있는 하나님의 백성들을 말하는데, 오늘날 삯군목자들은 하나님의 교회와 교인들을 자기 사유재산처럼 여기며 심지어 어떤 목사님들은 교회와 교인들을 서로 팔기도 하고 사기도 하고 있다는 것입니다. 이런 삯군목자들은 하나님의 계명이나 진리에는 전혀 관심이 없고 교인들을 통해서 자기 욕심을 채우기에 혈안이 되어 있는 자들입니다.

그러므로 하나님은 지금도 이런 삯군목자들에게 네 이웃의 집이나 아내나 남종이나 여종이나 소나 나귀나 모든 소유물들을 탐내지 말라고 명하시는 것입니다. 하나님께서 야고보서를 통하여 욕심이 잉태하면 죄를 낳게 되고 죄가 장성하게 되면 사망하게 된다고 말씀하시고 있습니다. 이렇게 하나님께서 욕심이나 탐심을 가지고 있는 자는 결국 멸망하게 된다고 말씀하시는 데도 불구하고 오늘날 삯군목자들은 서로 경쟁이라도 하듯이 교회를 대형화 하며 기업화 하고 있는 것입니다. 때문에 하나님은 예레미야 선지자를 통해서 하나님의 성전과 오늘날 교회에 대하여 이같이 말씀하시는 것입니다.

[예레미야 7장 1절-11절] 여호와께로서 예레미야에게 말씀이 임하니라. 가라사대 너는 여호와의 집 문에 서서 이 말을 선포하여 이르기를 여호와께 경배하러 이 문으로 들어가는 유다인

아 다 여호와의 말씀을 들으라. 만군의 여호와 이스라엘의 하나님이 이같이 말씀하시되 너희 길과 행위를 바르게 하라 그리하면 내가 너희로 이곳에 거하게 하리라. 너희는 이것이 여호와의 전이라, 여호와의 전이라, 여호와의 전이라 하는 거짓말을 믿지 말라. 너희가 만일 길과 행위를 참으로 바르게 하여 이웃들 사이에 공의를 행하며 이방인과 고아와 과부를 압제하지 말며 무죄한 자의 피를 이곳에서 흘리지 아니하며 다른 신들을 좇아 스스로 해하지 아니하면 내가 너희를 이곳에 거하게 하리니 곧 너희 조상에게 영원 무궁히 준 이 땅에니라. 너희가 무익한 거짓말을 의뢰하는도다. 너희가 도적질하며 살인하며 간음하며 거짓맹세하며 바알에게 분향하며 너희의 알지 못하는 다른 신들을 좇으면서 내 이름으로 일컬음을 받는 이 집에 들어와서 내 앞에 서서 말하기를 우리가 구원을 얻었나이다 하느냐 이는 이 모든 가증한 일을 행하려 함이로다. 내 이름으로 일컬음을 받는 이 집이 너희 눈에는 도적의 굴혈로 보이느냐 보라 나 곧 내가 그것을 보았노라 여호와의 말이니라.

상기의 말씀은 하나님께 경배, 즉 하나님께 예배드리려고 성전에 들어가는 하나님의 백성들에게 경고하시는 말씀입니다. 하나님의 백성들은 하나님께 경배하기 전에 먼저 너의 길과 행위를 올바르게 하라는 것입니다. 왜냐하면 하나님의 백성들이 자신이 가는 길이 올바른 길이 아니거나 신앙생활을 잘못하고 있으면 성전에 들어가 예배를 드려도 아무런 소용이 없기 때문입니다. 즉 삯군목자들이 예수를 믿기만 하면 구원받아 천국을 간다는 넓고 평탄한 멸망의 길을 따라 가면 아무리 예배를 열심히 드려도 결국은 지옥으로 들어가게 된다는 것입니다.

그러므로 삯군목자들이 이것이 하나님의 성전이다 하나님의 교회다 하는 말을 믿지 말라는 것입니다. 왜냐하면 이러한 삯군목자들은 자기 욕심을 채우기 위해 하나님의 교회를 차려놓고 무익한 거짓말(비진리)로 하나님의 백성들에게 이것이 "하나님의 성전이다 혹은 하나님의 교회다"라고 거짓말을 하고 있기 때문이라는 것입니다. 이들은 바로 하나님의 성전에서 도적질하며 살인하며 간음하며 거짓맹세하며 바알(다른 하나님)에게 분향하면서 우리가 구원을 얻었다고 거짓말을 하고 있는 것입니다. 결국 이들이 하나님의 성전에서 거짓 구원을 선포하는 것은 가증한 일, 즉 자기 욕심과 탐심을 채우기 위함이라는 것입니다.

그러므로 하나님께서는 내 이름으로 일컫는 이 집, 곧 하나님의 교회가 너희 눈에는 도적의 굴혈(소굴)로 보이느냐고 한탄하시는 것입니다. 예수님께서 유대교의 예루살렘 성전을 바라보시면서 유대인들에게 "이 성전을 헐라 내가 사흘 만에 다시 일으키리라"라고 하신 말씀도 바로 이러한 이유 때문에 하신 것입니다. 그렇다면 예수님께서 오늘날 기독교 교회들을 바라보시면서 과연 무어라 말씀하실까 요?

하나님의 교회는 예수님의 몸이시며 성령이 거하시는 하나님의 전으로 거룩한 하나님의 말씀으로 죽은 영혼을 구원하는 곳이며 또한 하나님의 백성들이 모여서 예배드리며 기도하는 곳입니다. 그런데 하나님의 교회에 삯군목자들이 들어와 교인들에게 우리는 예수를 믿음으로 이미 구원을 받았으니 이제 교회를 위하여 충성 봉사하는 것이 곧 하늘에 상급을 쌓는 것이라고 미혹하고 있는 것입니다.

그러므로 하나님은 하나님의 거룩한 성전에서 거짓 증거를 하며 양들의 영혼과 재물을 늑탈하는 삯군목자들에게 화가 있을 것이라고 말씀하시는 것입니다. 그런데 더욱 놀라운 것은 예루살렘성 안에 의인이 하나도 없는 것이 아니라 공의를 행하며 진리를 찾고 구하는 자가 한 사람도 없다는 것입니다.

[예레미야 5장 1절-2절] 너희는 예루살렘 거리로 빨리 왕래하며 그 넓은 거리에서 찾아보고 알라. 너희가 만일 공의를 행하며 진리를 구하는 자를 한 사람이라도 찾으면 내가 이 성을 사하리라. 그들이 여호와의 사심으로 맹세할찌라도 실상은 거짓 맹세니라.

상기의 말씀은 오늘날 하나님의 백성들에게 너무나 큰 충격을 주는 말씀입니다. 왜냐하면 예루살렘 거리에 의인이 없다는 말씀이나 하나님의 말씀을 깨달은 자가 없다는 말도 좀처럼 이해할 수가 없는데 공의를 행하는 자나 진리를 구하는 자조차 한 사람도 없다고 하시기 때문입니다. 그러면 오늘날 기독교회 안에는 공의를 행하는 목사나 진리를 구하는 교인들이 과연 있을까요? 문제는 오늘날 목회자들도 교회에서 하나님의 공의보다는 자신의 이권을 생각하며 교인들도 진리를 구하기보다 축복을 받기위해 신앙생활을 하고 있다는 것입니다.

그러므로 이런 자들은 입술로는 하나님의 공의를 행하고 진리를 구한다고 맹세를 한다 해도 실상은 모두 거짓이라는 것입니다. 즉 자신의 욕심을 채우기 위해서 하나님을 믿고 축복을 받기 위해 하나님께 구하는 것이지 하나님의 생명이나 진리에는 관심조차 없어 구하지도 않는다는 뜻입니다. 그러므로 하나님은 야고보서를 통해서 이렇게 말씀하시는 것입니다.

[야고보서 4장 2절-3절] 너희가 얻지 못한 것은 구하지 아니함이요 구하여도 받지 못함은 정욕으로 쓰려고 잘못 구함이니라.

예전이나 지금이나 하나님의 백성들이 하나님의 의, 즉 하나님의 생명을 얻지 못한 것은 구하지 않았기 때문이며 구하여도 얻지 못한 것은 정욕으로 쓰려고 잘 못 구했기 때문이라 말씀하고 있습니다. 오늘날 기독교인들이 하나님의 생명이나 진리를 구하지 않는 것은 예수를 믿음으로 이미 아들이 되어 있기 때문입니다. 그러므로 하나님께 구하는 것은 오직 축복을 받아 행복하게 살기 위해 욕심으로 구하고 있는 것입니다.

그러나 오늘날 기독교인들은 예수를 믿으면 아들이 되었다는 자기 목사님의 말을 그대로 믿고 있는 것이지 하나님께서는 오늘날 기독교인들을 낳은 적도 없고 아들로 인정한 적도 없다는 것을 알아야 합니다.

하나님의 아들로 거듭나려면 반드시 하나님의 아들이 계셔야하며 또한 하나님의 아들로부터 일용할 양식, 곧 아들의 입에서 나오는 생명의 말씀을 날마다 양식으로 먹어야 하는 것입니다. 때문에 예수님께서 너희는 무엇을 먹을까 무엇을 마실까 무엇을 입을까 염려하지 말고 먼저 그의 나라와 그의 의를 구하라고 말씀하신 것입니다.

　예수님께서 구하라는 그 나라는 하나님의 아들을 말하며 그의 의는 아들의 입에서 나오는 생명의 말씀을 말하고 있습니다. 그런데도 불구하고 오늘날 기독교인들은 한결같이 하나님을 믿고 예수님을 통해서 복을 받아 잘 살려는 욕심으로 신앙생활을 하고 있는 것입니다. 때문에 예수를 통해서 축복을 받아 부해지려는 자들을 향해 이렇게 말씀하시는 것입니다.

　[디모데전서 6장 9절-14절] 부하려 하는 자들은 시험과 올무와 여러 가지 어리석고 해로운 정욕에 떨어지나니 곧 사람으로 침륜과 멸망에 빠지게 하는 것이라. 돈을 사랑함이 일만 악의 뿌리가 되나니 이것을 사모하는 자들이 미혹을 받아 믿음에서 떠나 많은 근심으로써 자기를 찔렀도다. 오직 너 하나님의 사람아 이것들을 피하고 의와 경건과 믿음과 사랑과 인내와 온

유를 좇으며 믿음의 선한 싸움을 싸우라 영생을 취하라 이를 위하여 네가 부르심을 입었고 많은 증인 앞에서 선한 증거를 증거하였도다. 만물을 살게 하신 하나님 앞과 본디오 빌라도를 향하여 선한 증거로 증거하신 그리스도 예수 앞에서 내가 너를 명하노니 우리 주 예수 그리스도 나타나실 때까지 점도 없고 책망 받을 것도 없이 이 명령을 지키라.

　사람들은 불신자나 신자를 막론하고 이 세상에서 부자가 되어 잘살아 보겠다는 욕심을 가지고 있습니다. 그런데 하나님께서는 하나님을 믿는 백성들은 욕심을 모두 버려야 구원을 받고 천국에도 갈 수 있다고 말씀하고 계십니다. 그럼에도 불구하고 하나님의 백성들이 하나님을 믿는 목적이 구원이나 영생 혹은 천국을 들어가는 것보다 하나님으로부터 복을 받아 이 세상에서 부자가 되어 행복하게 잘 살려는 것입니다. 그런데 이렇게 하나님으로부터 축복을 받아 부자가 되려고 신앙생활을 하는 자들은 여러 가지 시험과 올무에 빠지게 되며 더러운 정욕에 떨어져서 결국은 멸망하게 된다고 말씀하고 있습니다.

　오늘날 기독교인들은 이 세상의 부귀영화보다도 오직 예수 혹은 믿음이라고 입술로는 말을 하지만 실제로는 예수

없이 그리고 믿음 없이는 살아도 돈 없이는 못산다는 것이 현실입니다. 문제는 욕심을 버리고 교인들을 진실하게 인도해야 할 목회자들도 하나님의 말씀보다 재물에 관심이 더 많고 하나님보다 돈을 더 사랑하는 자들이 더 많다는 것입니다. 이렇게 오늘날 한국 교회들은 서로 경쟁이라도 하듯이 교회를 대형화해 가고 있으며 어떤 교회들은 하나님의 이름을 내세워 사업까지 하는 교회도 있습니다. 이 모든 것들이 바로 이웃의 집, 즉 하나님의 교회를 이용하여 자기 욕심을 채우려는 탐심에서 비롯된 것입니다.

하나님께서는 아무리 교회가 대형화되고 교인들이 바다의 모래 수와 같이 많아도  그 중에 혹시 하나님의 생명으로 거듭난 아들이 하나라도 있는가 하여 지금도 찾고 계신다는 것을 알아야 합니다. 왜냐하면 하나님은 태산같이 쌓여 있는 수많은 쭉정이들보다 한 알의 알곡을 더 소중히 여기시기 때문입니다. 하나님께서 사람의 외모를 보시지 않으며 사람의 중심을 보신다는 것은 교회의 직위나 직분을 보시는 것이 아니라 그 안에 생명이 있는 가를 보신다는 뜻입니다. 그러므로 하나님의 진정한 백성이라면 이러한 외형적이고 외식적인 것들을 피하고 오직 하나님의 경건과 믿음과 사랑과 인내와 온유를 좇으며 선한 싸움을 싸워서 영생에 이르라고 말씀하고 있는 것입니다. 또한 우리 주 예수 그리스도가 우리 안에 임하실 때까지 점도 없고 책망 받을 것이 없는 존재가 되기 위하여 하나님의 오류 없는 말씀과 그의 명령을 지키라고 말씀하시는 것입니다. 이렇게 올바른 신앙생활을 하는 것이 곧 네 이웃의 집을 탐하지 않는 것이며 하나님의 뜻대로 신앙생활을 하여 천국으로 들어가는 자들입니다.

이상의 말씀과 같이 하나님의 백성들이 네 부모를 올바로 공경하지 못하고 살인하며 간음하며 도적질하며 거짓증거를 하는 것은 모두 욕심과 탐심 때문입니다. 그러므로 오늘날 기독교인들은 자신 안에 들어 있는 욕심과 탐심을 하루속히 버리고 하나님을 목숨과 뜻과 정성을 다하여 사랑하고 이웃을 내 몸과 같이 사랑하는 사람이 되어야 합니다. 그러기 위해서는 십계명을 통해서 보고 들은 말씀들을 하나님께서 오늘날 내게 주시는 말씀이나 음성으로 듣고 모두 받아 들여야 합니다. 하나님은 오늘날 기독교인들에게 히브리서를 통해서 이렇게 말씀하고 있습니다.

[히브리서 3장 15절– 4장 2절] 성경에 일렀으되 오늘날 너희가 그의 음성을 듣거든 노하심을 격동할 때와 같이 너희 마

음을 강퍅케 하지 말라 하였으니 듣고 격노케 하던 자가 누구뇨 모세를 좇아 애굽에서 나온 모든 이가 아니냐. 또 하나님이 사십년 동안에 누구에게 노하셨느뇨 범죄하여 그 시체가 광야에 엎드러진 자에게가 아니냐. 또 하나님이 누구에게 맹세하사 그의 안식에 들어오지 못하리라 하셨느뇨 곧 순종치 아니하던 자에게가 아니냐. 이로 보건대 저희가 믿지 아니하므로 능히 들어가지 못한 것이라. 그러므로 우리는 두려워할지니 그의 안식에 들어갈 약속이 남아 있을지라도 너희 중에 혹 미치지 못할 자가 있을까 함이라. 저희와 같이 우리도 복음 전함을 받은 자이나 그러나 그 들은바 말씀이 저희에게 유익되지 못한 것은 듣는 자가 믿음을 화합지 아니함이라.

하나님께서 오늘날 너희가 그의 음성, 즉 아들의 음성을 듣거든 노하심을 격동할 때와 같이 너희 마음을 강퍅케 하지 말라고 말씀하십니다. 왜냐하면 모세를 좇아 애굽에서 나온 하나님의 백성들이 모세를 통해서 하나님의 음성을 듣고도 마음이 강퍅하여 말씀에 순종을 하지 않아 안식의 땅에 들어가지 못했기 때문입니다.

출애굽한 하나님의 백성들이 사십년 동안 광야에서 불기둥과 구름기둥 속에서 시험과 연단을 받았지만 마음이 너무 강퍅하여 하나님의 말씀에 불순종함으로 말미암아 하나님이 진노하시게 되어 결국 광야에서 모두 죽고 가나안 땅에 들어간 자는 여호수아와 갈렙 뿐이었습니다.

이 세상에는 수많은 기독교인들이 하나님과 예수를 믿으며 영원한 안식, 즉 천국에 들어가기 위하여 열심히 신앙생활을 하고 있습니다. 그런데 예수님을 믿기만 한다고 해서 모두가 안식에 들어가는 것이 아니라 하나님의 뜻과 말씀에 따라서 순종해야 하는 것입니다. 그러므로 예수님께서 나더러 주여 주여 하며 믿기만 하는 자가 천국에 들어가는 것이 아니라 내 아버지의 뜻대로 행하는 자가 들어간다고 말씀하신 것이며 야고보사도도 영혼이 없는 몸이 죽은 것과 같이 행함이 없는 믿음은 죽은 것이라 말씀하고 있는 것입니다. 그럼에도 불구하고 오늘날 삯군목자들은 지금도 예수를 믿기만 하면 누구나 천국에 들어간다고 교인들을 속이고 있는 것입니다.

이러한 자들이 곧 십계명을 통해서 말씀하고 있는 이웃에 대하여 거짓증거를 하는 자들이며 영혼을 죽이는 살인자들이며 하나님과 재물을 겸하여 섬기면서 간음을 행하는 자들입니다. 그러므로 오늘날 거짓목자들은 지금이라도 하나님 앞에 꿇어 엎드려 그 동안 저지른 죄들을 통회자복 해야 합니다. 그러면 하나님께서 주홍같이 붉은 죄라도 눈과 같이 희게 용서해 주실 것입니다. 하나님의 백성들이 지금까지 신앙생활을 열심히 하면서도 아직 출애굽도 하지 못한 것은 하나님의 뜻과 십계명의 중요성을 모르는 것과 하나님의 계명을 알면서도 불순종 한 것 때문입니다. 그보다 더 큰 이유는 사람들의 마음속에 내재되어 있는 욕심과 탐심을 버리지 못한 때문입니다.

그러므로 하나님의 백성들이 천국을 가려면 이제부터라도 욕심과 탐심을 버리고 잃어버렸던 하나님의 계명, 곧 십계명을 다시 찾아서 계명에 따라서 신앙생활을 올바르게 해야 합니다.

예수님은 지금도 너희가 나를 따라오려거든 너를 부인하고 네 십자가를 지고 오라고 말씀하고 있습니다. 예수님이 지고가신 십자가는 하나님을 마음과 뜻과 정성을 다하여 사랑하고 네 이웃을 네 몸과 같이 사랑하라고 명하신 새 계명을 비유하여 말씀하신 것입니다.

그러므로 오늘날 기독교인들이 약속의 땅인 가나안에 들어가려면 예수님이 지고 가셨던 고난의 십자가를 지고 힘들고 어려워도 좁고 협착한 생명의 길을 걸어가야 합니다. 그러면 하나님께서 지난날의 모든 죄를 용서해주시고 천국으로 인도해 주실 것이며 반드시 하나님의 생명으로 거듭나 하나님의 아들이 될 것입니다.

저자는 십계명해설서를 마치면서 이 글을 읽고 청종하신 분들은 하루속히 회개하고 하나님의 뜻대로 신앙생활을 하여 모두 하나님의 아들로 거듭나 천국에 이르기를 간절히 기도하는 바입니다.

# 교만

높이 들린 교만한 눈
마음속에 숨어 있는
악을 내 뿜으며
내장이 썩어 가는줄도
모르는 자신은
교활한 숨소리로
정죄 하면서
정죄로 말미암아
죽음을 재촉하듯
입벌리고 있다네

저자후기

오늘날 이 세상에는 수많은 기독교인들이 예수를 구주로 믿으며 신앙생활을 열심히 하고 있습니다. 그런데 불행하게도 예수님은 오늘날 기독교인들을 구원하지 않는 것은 물론 구원하실 수도 없다는 것을 알아야 합니다. 왜냐하면 오늘날 기독교인들은 예수를 믿음으로 이미 구원을 받아 하나님의 아들이 되어 하나님을 아버지라 부르고 있기 때문입니다. 예수님은 죄인들을 구원하러 오신 분이지 의인, 즉 하나님의 아들들을 구원하러 오신 분이 아닙니다. 그런데 오늘날 기독교인들은 이미 하나님의 아들이 되어 있기 때문에 예수님은 의인이 되어 있는 하나님의 아들들을 구원하실 수가 없고 또한 기독교인들은 예수님에게 구원을 받을 필요가 없는 것입니다. 때문에 예수님은 자칭 의인이라는 아흔 아홉 마리의 양을 버려두고 한 마리의 잃어버린 양, 즉 죄인을 찾으러 오셨다고 말씀하고 있는 것입니다.

　이렇게 예수님은 병든 자, 즉 죄인들을 구원하러 오신 것이며 건강한 자, 곧 자칭 하나님의 아들이라는 자들을 구원하러 오신 것이 아닙니다. 그러므로 오늘날 기독교인들은 예수님의 구원의 대상에서 모두 제외 된 것입니다. 예수님은 양의 우리에 문으로 들어가지 않고 다른 데로 넘어가는 자는 절도요 강도라고 말씀하고 있습니다. 양들이 들어가야 하는 문은 길이요, 진리요, 생명이신 예수님을 말씀하고 있습니다. 그런데 오늘날 기독교인들은 양의 문(예수님)으로 들어가 구원을 받은 것이 아니라 다른 문, 즉 거짓목자와 삯군목자들을 통해서 구원의 과정도 없이 하나님의 아들이 되어있는 것입니다. 즉 예수님은 오늘날 기독교인들을 구원하신 적도 없고 기독교인들은 예수님으로부터 구원받은 사실도 없는데 삯군목자들을 통해서 이미 하나님의 아들이 되어 있는 것입니다.

기독교인들이 구원을 받아 아들이라 믿고 있는 것은 오직 로마서 1장 17절 말씀을 근거로 하여 만들어 놓은 이신칭의 교리, 즉 "오직 의인은 믿음으로 말미암아 살리라"는 말씀 때문입니다. 그러나 이 말씀은 죄인들이 사는 것은 오직 의인의 믿음, 즉 오직 산자의 입에서 나오는 말씀으로 살 수 있다는 뜻입니다. 즉 죄인 된 하나님의 백성들을 구원하고 살릴 수 있는 말씀은 제사장이나 목회자들의 입에서 나오는 말씀이 아니라 예수님이나 사도들과 같이 하나님의 생명으로 거듭난 아들들의 입에서 나오는 생명의 말씀으로 살 수 있다는 뜻입니다.

그런데 오늘날 기독교인들은 이러한 말씀의 깊은 뜻을 모르기 때문에 모두 이신칭의 교리에 의해서 하나님의 아들이 되어있는 것입니다. 때문에 오늘날 기독교인들은 예수를 믿고 구원을 받으려는 것이 아니라 오직 예수를 통해서 축복을 받아 행복하게 잘 살려고 신앙생활을 하고 있는 것입니다. 만일 오늘날 기독교인들이 진정한 하나님의 아들이라면 자신이 곧 예수요, 천국인데 무엇 때문에 예수를 믿고 또한 천국은 무엇 때문에 가려는지 이해할 수가 없는 것입니다. 오늘날 기독교인이 지금도 예수를 믿으며 천국을 가려는 것은 자신이 하나님의 아들이 아니라는 것을 스스로 고백하는 것입니다. 그러면 오늘날 기독교인들을 이렇게 가짜 하나님의 아들로 만든 자들은 누구이며 또한 이들을 하나님의 아들로 인정해주는 자들은 과연 어떤 존재들인가요? 이들이 바로 다른 하나님이요, 다른 예수님이며, 다른 복음인데 예수님은 이들이 곧 적그리스도이며, 마귀며, 사탄이라 말씀하시는 것입니다.

예수님은 이렇게 하나님이 정하신 구원의 길과 구원의 과정들을 모두 무시하고 편법으로 예수를 믿기만 하여 하나님의 아들이 되어 있는 자들을 절도요 강도라 말씀하고 있는 것입니다. 즉 이런 자들이 바로 하나님의 말씀을 도적질하고 하나님의 생명을 도적질하여 자신이 하나님의 아들노릇을 하고 있는 자들입니다.

이렇게 하나님의 말씀을 도적질하여 하나님의 아들이 된 삯군목자들이 바로 하나님의 영혼을 탈취하고 교인들의 재물을 탈취하여 자기 욕심을 채우는 자들이며 또한 영혼까지 죽이는 살인자라고 말씀하고 있는 것입니다. 하나님께서는 이런 자들을 향해 십계명을 통해서 도적질 하지 말고 간음하지 말고 살인 하지 말라고 엄히 명하시는 것입니다. 그러므로 오늘날 목회자들과 기독교인들은 하루속히 모든 잘못을 회개하고 하나님의 아들의 자리에서 속히 내려와 죄인의 위치로 다시 돌아가야 합니다. 그리고 지금까지 믿고 있던 다른 하나님과 다른 예수 그리고 다른 복음을 벗어버리고 참 하나님과 참 예수님 그리고 참 복음을 믿고 영접해야 합니다.

　그보다 더 중요한 것은 오늘날의 기독교인들은 하나님께서 오늘날 기독교인들을 구원하기 위해서 보내주시는 오늘날의 구원자(예수님)를 믿고 영접해야 한다는 것입니다. 왜냐하면 이천년 전에 유대인들을 구원하시기 위해서 보내주신 예수님은 유대인들의 구원자이며 오늘날 기독교인들의 구원자가 아니기 때문입니다. 오늘날 기독교인들의 구원자는 오늘날 기독교인들을 구원하기 위해서 하나님께서 보내주신 예수, 즉 오늘날 말씀이 육신이 되어 오셔서 지금 살아계신 하나님의 아들입니다. 그런데 오늘날 기독교인들은 하나님께 오늘날 기독교인들을 구원하시기 위해서 보내주신 구원자, 즉 오늘날 말씀이 육신 되어 오신 예수를 부인하고 이단으로 배척하며 정죄를 하고 있는 것입니다. 때문에 하나님은 요한일서 4장을 통해서 오늘날 육체로 오신 예수님을 구원자로 시인하는 영(말씀)은 하나님께 속한 것이며 오늘날 육체로 오신 예수를 부인하는 영(말씀)은 모두 적그리스도의 영(말씀)이라 말씀 하고 있는 것입니다.

그러므로 오늘날 기독교인들은 지금까지 믿고 있는 유대인들의 예수와 손오공처럼 구름타고 오신다는 환상적인 다른 예수의 망상에서 하루속히 벗어나 하나님께서 오늘날 기독교인들을 구원하기 위해서 보내주신 하나님의 아들을 믿고 영접해야 합니다. 그러면 하나님께서 모든 죄를 용서해 주시고 오늘날 하나님께서 보내주신 참 목자를 통해서 생명의 길로 인도해 주실 것입니다. 하나님은 집 나간 탕자가 다시 돌아오듯 삯군목자들의 미혹을 받아 멸망의 길을 가고 있는 하나님의 백성들이 하루속히 참 목자가 인도하는 생명의 좁은 길로 돌아오기를 기다리고 계십니다.

둘로스 데우 C.

## 의증서원 도서안내

✣ **천국 문을 여는 다윗의 열쇠 (요한계시록 해설집)**
　글/둘로스 데우 C 301쪽 /신국판 양장 정가 8.000원

✣ **천지창조의 진실과 허구**
　글/둘로스 데우 C 331 쪽 /신국판 양장 정가 15.000원

✣ **육천년 동안 창세기 속에 감추어져 있던 하나님의 비밀
(창세기 해설집)**
　글/둘로스 데우 C 279쪽 /신국판 양장 정가 8.000원

✣ **너희는 이렇게 기도하라 (주기도문 해설집)**
　글/둘로스 데우 C 303쪽 /신국판 양장 정가 10,800원

✣ **지옥문 앞에서 슬피 울고 있는 자들**
　글/둘로스 데우 C 285쪽 /신국판 양장 정가 8.000원

✣ **내가 만난 인간예수(도마복음 해설집.-상. 하권-)**
　글/둘로스 데우 C 253쪽 /신국판　각권 정가 8.000원

✣ **하늘에서 온 그리스도의 편지**
　글/둘로스 데우 C 359쪽 /신국판 양장 정가 9.500원

✣ **사랑이 머무는 곳**
　글/이명자 195쪽 /4x6(칼라)판 양장 정가 7.000원

✣ **현대불교와 기독교의 허구와 진실**
　글/둘로스 데우 C 239쪽 /신국판 양장 정가 8.000원

✣ **성경에 나타난 전생과 윤회의 비밀**
　글/둘로스 데우 C 317쪽 /신국판 양장 정가 12.000원

# 천국문을 여는 다윗의 열쇠

요한계시록은 영적인 비유와 비사로 기록되어 있기 때문에 계시록의 비밀들이 지금까지 베일에 싸여 깊이 감추어져 있었습니다. 본서는 특히 구름타고 오시는 예수님의 실체와 세상의 종말, 그리고 천국문을 여는 다윗의 열쇠에 대하여 자세히 기록하고 있습니다.

# 현대불교와 기독교의 허구와 진실

본서는 수 천년 동안 인간들에게 진리의 빛으로 양대 맥을 이어오고 있는 불교와 기독교의 근본사상과 그 근원을 서술적으로 읽기 쉽고 이해하기 쉽게 풀어가고 있습니다.

# 육천년 동안 창세기 속에 감추어져 있던 하나님의 비밀

본서는 창세 이후 지금까지 신학자들이 풀지 못했던 창세기 속에 깊이 감추어져 있던 하나님의 비밀들을 밝히 드러내고 있습니다. 특히 천지창조의 비밀과 하나님의 백성으로 거듭나는 과정을 구체적으로 나타내고 있습니다.

## 너희는 이렇게 기도하라

본 주기도문 해설집은 원어성경을 근거로 하여 지금까지 기독교인들에게 깊이 감추어져 있던 주기도문의 영적인 뜻과 그 비밀을 모두 드러내어 기록한 것입니다. 특히 본서는 인생의 진정한 의미와 십일조와 헌물에 대하여 기록하고 있어 신앙생활에 많은 도움을 주게 됩니다.

## 지옥문 앞에서 슬피울고 있는 자들

오늘날 기독교회는 예수를 믿기만 하면 모두 천국에 들어갈 수 있다고 말합니다. 그렇다면 지옥문 앞에서 슬피울고 있는 자들은 과연 누구일까요? 본서는 성경 말씀을 통하여 천국으로 들어가는 자들과 지옥으로 들어가는 자들을 분명하게 제시하고 있습니다.

## 하늘에서 온 그리스도의 편지

이 편지는 하나님께서 오늘날 이 세대를 살아가면서 자신의 존재나 인생의 진정한 의미를 모르고 무지 속에 죽어가는 사람들과 신앙생활을 열심히 하면서도 하나님의 뜻이나 천국으로 가는 길조차 모르고 있는 기독교인들을 위해서 보내 주신 편지입니다.

### 내가 만난 인간예수(도마복음 해설서)

본 도마복음 해설집은 바로 인간의 몸을 입고 오신 인간예수에 대해서 말씀하고 있습니다. 만일 본서를 통해서 인간예수를 만나보신다면 놀라움과 더불어 그 동안 복음서에서 발견하지 못했던 수많은 영적인 비밀들을 알게 될 것입니다.

### 사랑이 머무는 곳

본 시집은 인간들이 감지할 수 없는 영적인 세계를 한편의 시에 담아 드러내고 있어 보는 자들로 하여금 많은 감동을 자아내게 합니다.

### 천지창조의 진실과 허구

본서에 기록된 천지창조의 비밀과 잠언, 십계명 그리고 욥기서 등 그동안 말씀 속에 깊이 감추어졌던 영적인 비밀들을 밝히 드러내시며 하나님의 비밀들을 이렇게 공개하시는 것은 이 말씀을 통해서 지금까지 잘못된 신앙을 깨닫고 하루속히 넓고 평탄한 멸망의 길에서 좁고 협착한 생명의 길로 돌아오라는 뜻에서 입니다..

# 가나안으로 가는 길

글 · 둘로스 데우 · C

초판 1쇄  1998.4.15
개정판 1쇄  2003.4.25
재개정판 1쇄  2011.5.25

●

펴낸이 · 이용재    발행처 · 의증서원

●

등록 · 1996. 1. 30 제 5-524

●

서울시 동대문구 답십리 5동 530-11 의증빌딩 4층

정가 15,000원


도서출판 의증서원
전화. 02)2248-3563 . 011-395-4296 . 팩스.02)2214-9452
우리은행 : 812-026002-02-101 . 예금주: 이용재
홈페이지: www.ejbooks.com